NOTES HISTORIQUES

SUR

ARTHONNAY

PAR

M. l'abbé S. LALOIRE

EXTRAIT du *Bulletin de la Société des Sciences historiques et naturelles de l'Yonne*, 1er SEMESTRE 1910.

AUXERRE
TYPOGRAPHIE ET LITHOGRAPHIE A. GALLOT, RUE DE PARIS, 47

1911

NOTES HISTORIQUES SUR ARTHONNAY

Par M. l'abbé S. Laloire.

AVANT-PROPOS

Arthonnay — en latin *Artunacum* (1080), *Artunnacum* (1101), *Artunnayum* (1340), et *Arthonnayum;* en français, Artounay (1520), Artonnay (1670), Artonnai (1796), Arthonnay (1800-1909) — tire son nom d'un personnage, *Artunus* ou *Artunius,* qui, au moment de la division du territoire des Gaules entre les armées victorieuses de César, reçut en apanage la propriété du fonds de terre dont nous allons raconter l'histoire. Bientôt le *fundus Artuni* fut appelé, plus simplement, *Artunacum,* par l'adjonction du suffixe *acum,* du nom de son possesseur. Ce suffixe qui, par la chute de la finale muette *um,* est resté *ac* dans la langue du Midi (Florac, Savignac), s'est transformé ailleurs en *eu* et, dans nos pays, en *y* (Fleury, Savigny) ou *ay* (Tanlay, Molay), en sorte qu'*Artunacum* devint finalement Arthonnay, qui est la prononciation des gens du pays. La transformation de l'*u* en *n* provient d'une erreur de graphie et l'*h* intercalé après le *t* est purement adventice.

Arthonnay, selon toute apparence, faisait partie tout d'abord du *pagus Tornotrensis* dépendant du *Castrum Tornodori* (Tonnerre), et de la *civitas Lingonum.* Dans la suite, il fut rattaché au comté de Champagne. Jusqu'à la Révolution, il resta incorporé au diocèse de Langres et compta au nombre des paroisses du doyenné de Saint-Vinnemer et de l'archidiaconé de Tonnerre. Aujourd'hui, il fait partie du département de l'Yonne, de l'archidiocèse de Sens, de l'arrondisssement et de l'archiprêtré de Tonnerre, du canton et doyenné de Cruzy-le-Châtel.

Par son aspect, Arthonnay présente avec ses maisons bien bâties, la propreté de ses rues, l'apparence d'une petite ville. Le pays est charmant avec ses champs bien cultivés, les flancs de ses collines semés de vignes et son ruban de frondaison verdoyante, formé par la forêt de Maulne, qui la pare au midi comme d'une magnifique couronne. Le finage, malgré la déclivité des terrains, qui est cependant bien moins sensible qu'à Cruzy et qu'à Villon, présente à la grande culture des conditions favorables, malgré les amas de pierres caillouteuses qui se trouvent dans les champs.

Les habitants d'Arthonnay sont d'un tempérament robuste. Ils sont polis, serviables, laborieux, économes, mais non âpres au gain. Ils aiment la vie de famille et mettent au-dessus de tout l'honnêteté morale.

La superficie de la commune d'Arthonnay est de 3.223 hectares, et ce territoire fait partie de la seconde terrasse de l'étage moyen crétacé appartenant au système oolithique. C'est le terrain kimméridgien, aux argiles grises et jaunâtres, où les *ostrea virgula* se montrent dans les parties les plus élevées, tandis que les couches à *astartes*, avec les calcaires coralliens qui leur sont subordonnés, occupent le fond des vallées.

En ce qui concerne les cours d'eau, le village en est presque absolument dépourvu. Il n'existe qu'un petit ruisseau, qui provient de la fontaine et de l'abreuvoir aux bestiaux, situés l'un et l'autre au centre du pays, près de la maison communale. Cette eau se rend dans un étang creusé au bas du pays, au midi, puis continue sa course vers l'est jusqu'au lieu dit la Ferme du Moulin, pour disparaître bientôt sous terre à l'endroit dit l'Abîme. Il y a sur le finage deux ou trois autres fontaines qui donnent de l'eau suffisamment en hiver; l'une arrose la prairie dite la Jarrie, mais elle ne donne de l'eau qu'en cette saison; l'autre, dite fontaine de Chevelaire, donne aussi de l'eau seulement en hiver; elle se dirige sur Balnot-la-Grange (Aube), pour se jeter dans le petit ruisseau de la Marve.

Le climat d'Arthonnay est sain et, grâce aux améliorations hygiéniques qui ont été mises en pratique depuis près d'un demi-siècle, les maladies infectieuses n'y font plus de victimes.

Si nous consultons les statistiques administratives touchant le chiffre de la population, nous voyons qu'Arthonnay, depuis 1789, a subi une forte diminution de sujets. Ainsi, en 1787, nous lisons qu'Arthonnay et Panfol, son hameau, comptaient 250 feux (1). Trois ans plus tard (1789), la population est de 904 habitants ainsi répartis : 165 citoyens actifs, 25 non actifs, 710 femmes et enfants, 4 domestiques (2). En 1838, il y a encore 814 habitants; en 1893, seulement 557 et, en 1909, le recensement ne relève plus que 502 habitants.

L'agriculture est en honneur dans le pays; chaque famille y cultive sa propriété avec un soin diligent. La récolte est abondante en blé, avoine, seigle et orge. L'assolement, pratiqué avec méthode, a produit depuis quelques années un bon résultat pour les racines et surtout pour les herbes fourragères données en vert au bétail. La culture de la vigne est aussi pratiquée avec succès. Les vins des lieux dits le Champ-de-la-Cour et la Creuse sont recommandables par leur goût, se rapprochant des meilleurs vins des Riceys, et sont de bonne et assez longue conservation. Les principaux plants employés sont le gamay, le pinot, le beaunois et le troyen. Le phylloxéra a causé de grands dommages dans le vignoble, mais les vignes ont été reconstituées en plants greffés.

La commune possède une partie forestière située au midi du territoire et située sur le finage même de la commune de Cruzy-le-Châtel. Cette forêt appartient au groupe dit triangulaire de la Bourgogne, par opposition au Morvan et à la Terre-Plaine. Comme bois domaniaux, Arthonnay possède deux parties bien distinctes : le lieu dit de Panfol comprend 7 hectares 23 et la réserve est de 17 hectares, plus 217 hectares du régime T. S. F. Arthonnay compte pour ses usages 284 hectares 44 et pour les mêmes droits usagers, Panfol possède une superficie de 42 hectares 47. Dans l'état des revenus de la paroisse d'Arthonnay, en 1788, nous lisons que la paroisse comptait alors 500 arpents de bois dont le quart était en réserve; les trois autres quarts étaient partagés entre les habitants. Ces bois appartenaient à la marquise de Louvois. Les habitants en jouissaient moyennant redevance de deux bichets d'avoine et six deniers tournois par an (3).

(1) Archives de l'Yonne C 194.

(2) *Procès-verbaux des Délibérations du Directoire du département de l'Yonne*, t. I, p. 449.

(3) Arch. de l'Yonne, C.-192.

PREMIÈRE PARTIE

HISTOIRE CIVILE ET ADMINISTRATIVE

Arthonnay et ses origines. — Il est assez difficile de fixer l'origine d'Arthonnay. Toutefois, en nous appuyant sur l'étymologie du nom, comme nous l'avons vu et d'après le peu de documents que le temps nous a conservés, on peut dire qu'Arthonnay remonte à l'époque de l'occupation gallo-romaine.

Par sa situation géographique, Arthonnay se trouvait peu éloigné de la route romaine de Tonnerre (*Tornodorum*) à Vertault (*Vertilium*) et d'une route de moindre importance, qui traversait le lieu dit Chevelaire pour aboutir, selon toute apparence, à un camp romain dont nous ignorons le nom et qui pouvait être ou Ervy ou Saint-Florentin.

L'époque gallo-romaine a laissé à Arthonnay quelques vestiges. C'est ainsi qu'on a découvert, au lieu dit l'Etendard, des pièces d'argent ou de bronze. Ces pièces étaient déposées dans un vase d'argile ayant la forme d'une coupe. Il nous a été impossible de fixer la date de ces monnaies, dont les effigies étaient extrêmement endommagées par la rouille, mais qui étaient certainement romaines.

En Vallardon, lieu dit placé au-dessus de la Terre-des-Jarries, vaste prairie située à environ un kilomètre du bourg d'Arthonnay, on a découvert des vestiges d'habitations romaines, des tuiles à rebord, des débris de tuyaux en terre, des poteries et une monnaie de l'empereur Gallien (262 à 268).

Le monument le plus important de cette époque est un cimetière gallo-romain, découvert une première fois le 15 mai 1716. Son souvenir semblait perdu dans la mémoire des habitants quand, en mars 1894, alors que nous faisions quelques fouilles, nous fûmes étonnés de retrouver son existence signalée dans un des anciens registres paroissiaux, par une note de M. Nicolas Regnard, alors curé d'Arthonnay, conçue dans les termes suivants :

« Ce jourd'huy 15 may 1716, Nicolas Regnard, prêtre-curé d'Arthonnay, ai été averti par Pierre Gérard, garçon de

Nicolas, fils de feu Nicolas Gérard, que son père et Pierre Gérard, son oncle, désiroient que je me rendisse en la contrée de ce finage qui s'appelle les Mazures et depuis quelque temps le Champ des Nods, où ils étoient. Et là étant allé, ils me firent voir plusieurs cercueils de pierre de taille, enfoncés en terre d'environ quatre pieds; et qu'en labourant leur héritage, ils avoient fortuitement trouvé une grosse pierre, ce qui leur avoit donné l'occasion d'être sûrs de ce qu'on disoit aussi qu'on avoit tiré, au même endroit, plusieurs cercueils de pierre il y avoit quarante ans. Et de fait, ayant fait fouir en notre présence, ils en auroient trouvé quinze ou seize, en moins de vingt pieds d'espace en carré, dont cinq furent tirés et conduits à Arthonnay chez lesdits Gérard, et en la maison curiale, et les autres furent cassés, faute de les tirer adroitement. Ces cercueils étoient chacun couverts d'une grande pierre. Dans lesquels se sont trouvés des ossements humains, sans aucune marque de christianisme, d'écriture, ni de chiffre, au dedans ni au dehors de ces cercueils; ce qui fut cause qu'on ôta les ossements et qu'on les remit en terre, où on en trouve aussi beaucoup d'autres, rompus et sans ordre... On trouva, dans trois ou quatre de ces cercueils, deux petits pots de terre cuite tenant environ un demi-septier, sans qu'on pût connaître pour quel usage ils y avoient été mis. On trouva aussi, dans un seul, deux plaques de fer, larges comme la main, mais extrêmement rouillées, où on voit adroitement appliquée une petite feuille d'argent sans aucune inscription lisible, mais seulement quelques traits à la fantaisie de l'ouvrier qui s'y découvroit. Le nommé Edme Munier fils Nicolas, qui étoit là présent, dit avoir ouï dire que deux frères, gentilshommes, ayant partagé leurs biens, l'un avoit eu la terre et le château de Polizot, pour son partage, et l'autre avoit eu le château de Chevelaire avec les métairies d'autour; que, dans la suite, ce dit château avoit été détruit et que ces métairies s'étoient réunies ensemble et qu'elles s'étoient appelées Arthonnay. La contrée de Chevalaire (alias Chauvelair) est une petite prairie au finage d'Arthonnay; elle est jointe et contiguë à la contrée du Champ des Nods ou des Mayures, qui est terre labourable et plus proche du lieu d'Arthonnay. Outre les cercueils qu'on y a tirés, on en a encore aperçu plusieurs autres qui y sont restés. »

Lors des fouilles que nous fîmes en 1894, nous avons

trouvé quelques petits vases de terre qui s'effritèrent, trois globules en bronze et une sorte de mécanisme d'un petit moulin à main, destiné probablement aux usages domestiques. D'autres objets trouvés furent conservés par les fermiers de la ferme du Caron et par certains habitants de la commune de Villiers-le-Bois. Si des fouilles étaient sagement menées dans la contrée, elles pourraient être fructueuses et permettraient aux archéologues de fixer l'époque à laquelle appartient ce cimetière.

D'autres vestiges sont encore disséminés dans la contrée de Chevelaire. C'est ainsi que, tout près du cimetière dont nous venons de parler, se trouve un emplacement quadrangulaire, semé, de ci de là, de tuiles recourbées, de carreaux, de fragments de poterie, et les vestiges de fondations assez importantes. Ce lieu s'appelle le Caron. Un dicton local promet une fortune à celui qui nettoierait la fontaine du Caron jusqu'à sa source.

On ne peut, d'une manière certaine, fixer l'époque où la religion chrétienne fut annoncée dans notre contrée. La puissance temporelle et spirituelle des évêques de Langres sur ce territoire, dont ils paraissent avoir été les premiers comtes (comites) et gouverneurs, fait présumer que, les premiers, ils y prêchèrent l'Evangile. Alors, il faudrait faire remonter l'origine du zèle apostolique dans la région vers le commencement du IIIe siècle, époque où vivait saint Benigne, évêque de Dijon, qui est considéré comme le fondateur du diocèse de Langres.

Sous le règne de Théodebert II, roi d'Austrasie, fils et successeur de Childebert II (596), vivait en nos contrées un de ces moines comme l'Eglise de France en possédait alors et par l'exemple desquels le bien se faisait dans les âmes. Nous voulons parler de Saint Valentin, apôtre de Griselles, près de Laignes, et de toute la contrée du Lassois et du Tonnerrois. Ordonné prêtre par Tétrice, évêque de Langres, Valentin donna un dernier coup aux superstitions païennes qui pouvaient encore subsister en nos parages. A sa voix, le peuple abandonne la fausse religion et détruit les statues des divinités vénérées jusqu'à ce jour. Nous ne nous attarderons pas ici à faire l'éloge de Saint Valentin, qui fut l'apôtre du pays d'Arthonnay et qui devint, pour cette raison, dans la suite, le patron de l'église et du lieu.

Durant le cours des IVe et Ve siècles, de nombreuses invasions de Barbares ont lieu dans les Gaules. Ce fut successivement le tour des Germains, des Bourguignons, des Huns et des Francs qui s'abattirent sur nos contrées, comme sur le reste du territoire, et détruisirent ce qui restait des vestiges de la civilisation romaine. Peut-être est-ce à cette époque qu'il faut faire remonter la destruction de Chevelaire, à moins qu'on ne doive l'attribuer aux Normands, qui vinrent quelque temps après. Remontant la Seine et l'Yonne, les Normands s'emparèrent d'Auxerre et de Tonnerre. Le pays d'alentour fut pillé, saccagé; les églises détruites, les monastères renversés, les religieux massacrés, les peuples des villes et des campagnes égorgés par milliers. Nos contrées ne furent débarrassées de ce fléau qu'après qu'Anségise, évêque de Troyes, eut éloigné les Normands des murs de cette ville, et qu'ils eussent été chassés du Châtillonnais, du Lassois et du Tonnerrois par l'illustre comte Richard le Justicier (1) qui les défit au combat d'Argenteuil, près d'Ancy-le-Franc.

Arthonnay et ses premiers seigneurs. — Jusqu'à la seconde moitié du XIe siècle, nous savons peu de choses d'Arthonnay. A cette date, Arthonnay constituait une seigneurie appartenant à l'illustre famille de Maligny. Cette seigneurie était alors un alleu, c'est-à-dire une terre franche de toute redevance et de tous services, pour laquelle les Maligny n'étaient vassaux d'aucun autre seigneur.

Non contents de dominer sur les villages avoisinant leur château, savoir Beines, la Chapelle-Vaupelteigne, Poinchy, Lignorelles, Venouze et Villy, les Maligny possédaient encore au XIe siècle un nombre considérable de seigneuries, enclavées au comté de Tonnerre, et notamment en nos contrées : Collan, Villiers-lez-Moines, Arthonnay, Casanca, Chevelaire, Panfol et la vaste forêt de Maulne. Ces possessions éparses, mais situées dans une même contrée, semblent les témoins d'un domaine plus aggloméré qui, dans le principe, se serait étendu de la vallée du Serein à celle de la Laigne. Selon l'avis de M. Jacques Laurent (2), la lignée des Maligny doit être considérée comme une branche cadette, pous-

(1) Sur Richard le Justicier, voir A. Kleinclausz, *Histoire de Bourgogne*, p. 67 seq. Paris, Hachette, 1909.

(2) Jacq. Laurent, *Cartulaires de Molesme*, t. I.

sée au xe siècle sur le tronc de la maison comtale de Tonnerre-Bar-sur-Seine.

Le plus ancien seigneur de Maligny dont nous connaissons le nom est Artus de Maligny. De sa personne, nous savons peu de chose, sinon qu'il fut un vaillant et généreux chevalier. Il mourut dans un âge peu avancé, par suite d'épidémie, pense-t-on, vers 1033. Il eut trois fils, dont Hugues, qui, avec les autres membres de la famille, fut le fondateur et le bienfaiteur de l'abbaye de Molesme. C'est lui qui abandonna, en effet, entre les mains de Saint Robert, la terre même de Molesme et aussi le territoire de la seigneurie d'Arthonnay, avec tous les droits attachés à ces possessions.

Arthonnay et les religieux de Molesme, seconds seigneurs. — Le vingtième jour du mois de décembre de l'an 1075, se manifeste un fait important pour l'histoire de France en général, et pour le comté de Tonnerre en particulier. C'est en effet la date de la fondation de l'abbaye de Molesme par Saint Robert, aussi fondateur de l'illustre ordre de Citeaux.

A cette époque le moine Robert, qui alors exerçait la charge de prieur à l'ermitage de Collan, où la vie religieuse était loin d'être régulière, prend une résolution énergique. Pour mener une vie plus parfaite, suivi de quelques religieux animés du désir de leur perfection religieuse, Robert quitte Collan et vient en un lieu boisé appelé Molesme. L'abbaye y est fondée en l'honneur de Notre-Dame et sous les auspices du sire Hugues de Maligny, de ses parents et de ses alliés, qui firent dresser la notice de la fondation de l'abbaye (1).

Après avoir aidé Saint Robert à son installation dans son nouveau séjour de Molesme, les Maligny lui donnèrent des terres dans le voisinage immédiat de l'abbaye, puis, vers 1075, lui abandonnèrent Arthonnay qui appartenait pour un quart à Névelon, fils de Guy Ier et petit-fils d'Arthur de Maligny, pour un autre quart à Guy II, son frère, et pour la seconde moitié à Thibault le Roux, lui aussi petit-fils d'Artus, seigneur d'Arthonnay, de Panfol, de Collan, de Cérilly-lez-Châtillon, avoué de Flavigny, époux d'Adeline de Grançay (2).

Voici les renseignements, très secs, que nous fournissent les documents sur les membres de la famille de Maligny, qui furent les premiers bienfaiteurs de Molesme :

(1) Jacq. Laurent, *op. cit.*, t. I, p. 11, ch. I, § 2.
(2) Jacq. Laurent, *op. cit.*, t. I, p. 326.

Névelon, baron de Maligny, devint l'un des premiers religieux de Molesme. Fils de Guy Ier et neveu de Hugues, devenu seul chef de sa maison par la mort de son frère, il délaissa, pour embrasser la vie austère du cloître, son château et ses fiefs, non sans en avoir démembré une partie au profit de l'abbaye, afin que les moines l'ensevelissent avec honneur (1). Sa descendance continua jusqu'à la fin du XIIe siècle à enrichir l'abbaye, qu'elle considérait comme une fondation de famille, et à donner des religieux au monastère.

Gosbert ou Jobert, sire de Maligny, était fils de Névelon. De concert avec sa femme Sibille, ce seigneur promet un jour de donner l'un de ses fils pour servir Dieu et Notre-Dame, à Molesme, dans la discipline monastique (2). Cette oblation d'enfant, qui de nos jours peut paraître étrange, était accomplie autrefois par des familles pieuses, et le cas était prévu par la règle de Saint Benoît. Le même Gosbert, en prévision de son départ éventuel pour la Croisade, demande aux moines, en récompense de ses bienfaits, de lui faire à ce moment une charité convenable pour l'aider dans son expédition. Le montant de ce viatique devait être fixé par l'abbé et les frères dont celui-ci pourrait solliciter l'avis. Enfin Gosbert et son épouse demandent à être inhumés à Molesme dans l'aître de Notre-Dame, s'ils meurent dans la région (3).

Thibaut le Roux, né vers 1046, après avoir fait l'aumône de sa moitié d'Arthonnay, obtient pour lui et sa femme qu'ils seraient soit reçus durant leur vie, soit ensevelis après leur mort dans l'abbaye de Molesme (4).

Richard de Maligny, fils de Thibault le Roux, choisit de préférence le monastère de Molesme à toute autre église pour sa sépulture. Il mourut en 1113; mais son vœu ne put être rempli et sa dépouille mortelle fut transportée à Auxerre (5).

(1) Archives de la Côte-d'Or. Fonds de Molesme, I, Cart. n° 198. En 1115, Hervé, fils de Névelon, venu à Molesmes le jour de l'enterrement de son frère Gosbert, confirma en présence de Milon, comte de Bar-sur-Seine, la donation faite par son père à l'abbaye.

(2) Ibid., n° 111.

(3) Ibid., nos 111, 216, 219.

(4) Ibid., n° 88.

(5) Ibid., n° 219.

Ainsi, la donation de la seigneurie d'Arthonnay ne fut pas faite, comme certains auteurs l'ont prétendu, par l'évêque de Langres, Raynard, seigneur de Tonnerre et de Bar-sur-Seine, non plus que par son successeur Robert, sorti lui aussi des comtes de la maison de Bourgogne. Le premier de ces prélats reconnut l'acte de fondation de Molesme, et le second ne fit que confirmer cette donation du sire Hugues de Maligny et des autres chevaliers fondateurs. Dans la pancarte dressée à cette occasion en 1101 par l'évêque Robert sont comprises, avec Arthonnay, plusieurs autres paroisses de la contrée (1).

Le monde féodal traite donc, dès l'origine, l'abbaye de Molesme avec amour et la comble de ses bienfaits; aussi voit-on sa fortune territoriale s'accroître rapidement. En peu de temps, le monastère devient l'un des principaux propriétaires fonciers de la région, si bien que le moine Pierre de Celle, abbé de Saint-Rémi de Reims (1171), le compare à une « poule bien emplumée et bien membrée, dont les entrailles fécondes engendrèrent, pour les répandre bientôt comme autant de poussins innombrables, les monastères de l'ordre de Citeaux (2) ».

En donnant le domaine d'Arthonnay à Saint Robert, la famille de Maligny fit ce don à titre d'aumône, avons-nous dit. Cette pratique de l'aumône à titre de donation a été très populaires et très usitée durant les XIe et XIIe siècles. Souvent cette donation est en réalité une vente déguisée. « Rien n'est plus décevant, écrit M. J. Laurent, qu'une charte d'aumône de la fin du XIIe et du XIIIe siècle, c'est-à-dire d'une époque où la noblesse terrienne, qui s'est dépouillée et amoindrie au profit des églises, ne se soucie plus de les enrichir par des donations territoriales (3). » Par exemple, en 1230, Mauger, bailli d'Ervy et de Troyes, donne à l'église de Molesme l'héritage de sa femme, sis à Arthonnay : « Je le donne, dit-il, par raison de piété, pour le remède de mon âme et de l'âme de ma femme susnommée Osanne, sans en rien retenir et en aumône; » mais on peut voir par ailleurs que pour

(1) Conf. Pièces justificatives.

(2) Voir Patrologie de Migne. « Gallina illa Molismensis, plena plumis et bene pennata, quot et quales de utero suo fœtus produxit, dum ex se collegium cisterciense originario germine pullulavit. »

(3) Jacq. Laurent, t. I, p. 41.

cette libéralité le bailli d'Ervy reçoit en échange la somme élevée de 80 livres de Provins (1). Cette somme, versée par les religieux, ne doit-elle pas être considérée comme un véritable prix de vente ? D'autres personnages, au contraire, font leurs donations sans exiger de compensations. En 1160, le fils de Guillaume V, comte de Nevers, d'Auxerre et de Tonnerre, cède à Wileric, abbé de Molesme, avant de partir pour Jérusalem, une terre sise à Arthonnay, au lieu dit *Casanca* (2). En 1218, Guillaume, évêque de Langres, atteste qu'Evrard de Courteron, chanoine d'Auxerre, a donné à l'abbaye de Molesme le neuvième de la dîme de blé qu'il possède sur la dîme d'Arthonnay. Viard de Nicey, chevalier, approuve ce don comme seigneur féodal.

Toutes ces terres cédées à l'abbaye de Molesme devenaient, par leur destination, terres de franche aumône, c'est-à-dire qu'elles étaient désormais fermées à l'ingérence des seigneurs d'Arthonnay et même du comte de Tonnerre, qui exerçait sa souveraineté sur tous les fiefs du comté. Néanmoins, le comte de Tonnerre revendiquait le droit de garde de toutes les églises du comté. Au moment où Arthonnay passa sous la puissance des comtes de Champagne, nous voyons le puissant Thibault exercer cette garde, lui aussi; mais cette surveillance ne lui est accordée que par délégation, car dès 1239, l'abbaye, avec tout son domaine, est placée par l'abbé Christophe sous la seule garde et protection du roi de France.

L'année suivante, en avril 1240, le même abbé déclare que Thibaut, comte de Champagne, après avoir saisi Arthonnay, Rumilly-les-Vaudes, Polisy et Grancey-sur-Ource, dont il avait la garde, a restitué à l'abbaye de Molesme, Rumilly, Polisy et Grancey, mais que, d'accord avec les moines, il a gardé Arthonnay (3). Cette charte est d'autant plus intéressante qu'elle nous fait connaître l'époque et la date à laquelle notre pays fut incorporé au domaine de Champagne, c'est-à-dire, après les luttes de la ligue féodale formée contre la régence de la reine Blanche de Castille par le puissant Thibaut.

A la faveur des donations faites par les fondateurs de Mo-

(1) Arch. de la Côte-d'Or. Fonds de Molesme, II, Cart., n° 135.
(2) Le lieu dit Casanca doit, d'après la tradition, être voisin des lieux dits la Chanterie et l'Ardillier.
(3) Pièces justificatives.

lesme et grâce à celles qui affluèrent bientôt, le monastère se trouva maître d'une immense fortune. Or, d'après la règle primitive, le monastère ne devait posséder ni églises, ni droits curiaux, comme les oblations et les droits mortuaires, ni dîmes. Les dîmes devaient être, en effet, partagées en quatre parts : l'une pour l'évêque, la seconde pour le ministre ou curé, la troisième pour le secours des hôtes, des veuves, des orphelins et des pauvres, la quatrième pour l'entretien de l'église. Or, dans ce compte, il n'est pas fait mention des moines. La possession des villages et des serfs, des fours et des moulins était pareillement interdite. Bref, les religieux ne pouvaient avoir que des terres, du bétail et des animaux domestiques pour faire fructifier le bien nécessaire et suffisant à l'entretien de la communauté. Mais, peu à peu, la règle cessa d'être observée sur ce point et les moines, assurés du lendemain, abandonnèrent les travaux manuels et durent recourir à des tiers pour l'exploitation de leurs domaines.

Dans les constitutions de l'ordre bénédictin, il est spécifié que : « des granges ou métairies seront réparties sur le sol appartenant à l'abbaye, et leur culture confiée aux frères convers ou lais, aidés par des valets de ferme. Les troupeaux de grand et de petit bétail ne s'éloigneront pas à plus d'une journée desdites granges, lesquelles ne seront pas bâties à plus de deux lieues de Bourgogne, l'une de l'autre. » C'est pour cela que, dès le XIe ou XIIe siècle, l'abbaye de Molesme partage son domaine en un certain nombre de lots et crée des granges ou maisons au centre de chacun de ces lots. Ces granges n'étaient pas toutes situées en des lieux écartés; certaines se trouvaient au milieu des villages ou à leur entrée, comme à Molesme et à Arthonnay. Ce qui distinguait un établissement de cette nature de la maison seigneuriale qui formait le chef-lieu de chacune des seigneuries monastiques ou de la grange aux dîmes entretenue dans chaque paroisse par le monastère décimateur, c'est que toujours, à l'origine, il était confié à un petit groupe de frères convers, pourvus du train de culture et des aisances nécessaires à une grande exploitation. La communauté des convers était gouvernée tantôt par un moine appelé proviseur ou grangier, et tantôt par un convers qui recevait, avec une certaine autorité disciplinaire, le titre de maître de grange.

La grange comportait, outre une maison d'habitation, de

vastes communs et spécialement d'amples greniers. Les appartenances consistaient en terres de labour, prés, bois et pâtures, mais on ne voyait au centre de l'établissement ni église ou chapelle, ni cimetière, ni cloître, ce qui au premier coup d'œil caractérisait le prieuré (1).

L'abbaye de Molesme possédait plusieurs granges dans son voisinage immédiat. Après celle de l'abbaye, qui était dans l'enceinte même du monastère, celle d'Arthonnay était la plus proche du monastère et ce fut sans doute la première en date qui ait été établie. Les terres qui en dépendaient s'étendaient sur tout le finage du pays et comprenaient en outre le hameau et la forêt de Panfol. Les bâtiments qui occupent l'emplacement de l'ancienne grange appartiennent aujourd'hui à la famille Léonard; sur le fronton d'une porte, en effet, est gravée cette devise : *Virtutis fortuna comes*, qui est celle de la famille des Dinteville, dont un membre fut abbé de Molesme. Situés au nord de l'église, ces bâtiments forment un vaste rectangle dont l'entrée principale, au levant, est marquée par un portail plein cintre qui portait anciennement l'écusson de l'abbaye de Molesmes (2).

Certaines dépendances de la ferme, qui occupaient une surface considérable, contiguës à l'ancien presbytère et à l'ancien cimetière, ont été démolies.

La grange d'Arthonnay étant toute voisine de la grange cistercienne de Quincerot, dépendance de l'abbaye de Quincy, des conflits s'élevèrent entre les deux maisons, en 1231, pour l'usage des pâtures et il fallut procéder à un nouveau bornage des propriétés (3). Il s'agissait sans doute de discussions soulevées pour un parcours, c'est-à-dire pour le droit que possédaient les habitants de nos contrées de mener leur bétail pâturer librement dans certains cantons du territoire. Nous savons, en effet, qu'à cette époque il existait en ces contrées deux parcours : l'un s'étendait depuis l'église Saint-Vincent-des-Riceys jusqu'à la limite septentrionale du finage

(1) J. Laurent, *Op. citat.*, t. I, page 247 et seq.

(2) Dey, *Armorial de l'Yonne*, p. 106. D'azur à deux crosses d'or posées en sautoir et un écusson d'azur brochant sur le tout chargé de trois fleurs de lys d'or 2 et 1 et accompagné en chef et en pointe de deux églises d'argent, et aux flancs de deux mitres d'or doublées de gueules.

(3) Archives de la Côte-d'Or, 7 H, 254-256, et J. Laurent, *Op. cit.*, t. I, p. 247 et seq.

de Cruzy-le-Châtel, d'où le nom de parcours Saint-Vincent; l'autre, appelé parcours Saint-Pierre, avait son point initial à Saint-Pierre-de-Tonnerre et s'étendait jusqu'à Ervy.

Dans le cours du XIIIe siècle s'est opérée, à la faveur de la diminution et bientôt de la totale disparition des convers, une transformation profonde dans l'administration des biens ruraux de l'abbaye de Molesme. Au régime de la régie directe succède peu à peu la main-d'œuvre des colons indigènes ou d'individus étrangers qui, en prenant à bail ou à arrentement les terres des religieux, continuèrent de mettre en valeur ces biens, grâce aux connaissances en agriculture que les religieux leur avaient inculquées. C'était pour ces braves gens un acheminement vers la propriété, en attendant l'affranchissement que leurs seigneurs devaient bientôt leur accorder.

Pierre de Courtenay, comte de Tonnerre, époux d'Agnès de Nevers, puis en secondes noces d'Yolande, fille de Beaudoin V de Flandre, eut, vers l'an 1200, de graves démêlés avec les moines de Molesme pour le droit de garde dans la forêt de Maulne et de Panfol. Les choses prirent même une telle tournure que l'autorité ecclésiastique menaça Pierre de Courtenay de jeter l'interdit sur ses terres s'il ne donnait pas satisfaction à l'abbé de Molesme. Il dut fournir des « pleiges » de sa soumission et présenter en cette qualité Guillaume de Tanlay, son frère, Foulques de Vincelles, et Gauthier, son maréchal d'armes. Mais de nouvelles difficultés ne devaient pas tarder à surgir avec les religieux, toujours prêts à maintenir leurs prérogatives et à résister aux empiètements du pouvoir féodal (1).

Un peu plus tard, en effet, Haimo, prévôt du comte de Ton-

(1) Panfol, donné par les Maligny à Saint Robert, lors de la fondation de son monastère, fut, par sa situation même, formant enclave dans la forêt de Maulne, un objet perpétuel de contestations. C'est ainsi que, dès 1144, Geoffroy, évêque de Langres, rapporte que Hugues Fortune de Maligny, chevalier, avait donné à Robert, premier abbé de Molesme, tout ce qu'il possédait dans un bois de hêtre, situé près d'Arthonnay, du consentement de Gosbert de Maligny, son seigneur. L'abbaye, qui avait jusque-là joui en paix de ce bien, vit, sous l'administration de l'abbé Gérard, Guy, fils de Gosbert, revendiquer ce bois et menacer de se faire justice sur les biens du monastère s'il ne lui était pas restitué. Enfin, les parties s'étant rendues devant l'évêque, Guy renonça à ses prétentions. (Arch. Côte-d'Or.)

nerre, ayant fait pendre au château de Cruzy certains voleurs de grands chemins, arrêtés dans les bois de Panfol qui appartenaient aux moines, l'abbé prétendit que le comte portait atteinte à sa juridiction. Fort de l'autorisation du Saint-Siège qui avait reconnu les droits de l'abbaye et muni des lettres patentes qui établissaient le patronage du roi, il intenta un procès au comte de Tonnerre. L'abbé se plaignait encore que, sans égard pour les droits des religieux, le comte avait placé, contre tous droits, des forestiers dans les bois de Panfol, après en avoir chassé ceux des religieux. Pour mettre fin à ces contestations, il fut convenu qu'une enquête serait faite sur les droits des parties. Le résultat n'était pas douteux; il fut défavorable au comte de Tonnerre qui se vit contraint de reconnaître que la justice de Panfol appartenait entièrement à l'abbaye de Molesme. En conséquence, l'abbé fit réformer par Jean Colomb et par Haimo, prévôt de Cruzy, le procès relatif tant à la prise qu'à la pendaison des voleurs (1).

Les religieux bénédictins essartèrent une partie des bois de Panfol du milieu du XIIe au XIVe siècle. En 1499, ce territoire forestier fut donné par bail emphitéotique à quatre habitants du hameau. Au milieu du XVe siècle, la population obtint des propriétaires les droits d'usage et de pâturage dans la forêt; ce qui fut renouvelé par acte passé en 1614.

Ces droits occasionnèrent, sur la fin du XVIIIe et dans le premier quart du XIXe siècle, des démêlés assez graves entre l'administration et les usagers (2). Pour mettre fin à ces difficultés, l'Etat consentit alors à donner aux habitants de Panfol une partie des bois à titre de cantonnement. Les 42 hectares que ceux-ci possèdent aujourd'hui sont donc la représentation des droits qu'ils devaient à la libéralité des religieux de Molesme. Mais, il faut le dire, en recevant cette partie de la forêt, les habitants sont loin de posséder ce qui leur revenait; car avant la Révolution le domaine de Panfol comprenait 410 hectares, qui sont aujourd'hui répartis de la manière suivante : 1° terres arables appartenant aux habitants du hameau, situées au nord et à l'ouest dudit lieu,

(1) Il y est dit : « Ac per hoc recognovi superdictis monachis in utroque querela me fecisse injuriam ob tam captionem quam suspensionem latronum. » Arch. Côte-d'Or, Cart. de Molesmes, XI, fol. 10 v°.

(2) Arch. de l'Yonne, E. 520, liasse.

84 hectares; 2° bois d'usages, 42 hectares; bois de l'Etat, 24 hectares.

Il existait au XIIe, ou au plus tard au XIIIe siècle, une coutume singulière dans nos contrées. Pour attirer les gens à la liberté et abolir le droit de main-morte qui pesait lourdement sur les populations rurales, les comtes de Tonnerre instituèrent le « Giste de Cruzy ». Les serfs des comtes, aussi bien que ceux des seigneurs voisins, acquéraient le droit de bourgeoisie en venant passer la première nuit de leur mariage au chef-lieu de la châtellenie de Cruzy. Par le fait même, les individus devenaient les sujets des comtes, car ils étaient censés avoir élu domicile en ce lieu. Il est facile de comprendre combien de jeunes gens unis depuis quelques heures à peine devaient avoir à cœur de profiter du privilège accordé pour se mettre à l'abri de toute servitude pour l'avenir. Sans doute, les habitants d'Arthonnay ne durent pas manquer d'user de ce droit et, malgré le plaisir des réjouissances que procure un mariage, se hâter, le soir, de gagner le Gîte qui leur accorderait l'affranchissement.

Il semble bien qu'il en fut ainsi, car quelque temps après, pour réagir contre cet établissement qui détachait trop facilement les sujets de l'obéissance due à leurs seigneurs respectifs, les comtes de Champagne établirent un gîte sur leurs terres. Bientôt un acte fut passé entre les comte de Tonnerre et les comtes de Champagne, par lequel il était stipulé que les avantages des gîtes de bourgeoisie seraient réciproques d'une seigneurie à l'autre. Ce qui était alors d'une grande sagesse fut aboli en 1347 par contrat passé entre Jeanne de France, comtesse de Champagne, et Jeanne de Châlon, comtesse de Tonnerre. Par ce contrat, le profit du droit de gîte était aboli pour les serfs et n'était maintenu désormais que pour les bourgeois des deux états, qui passaient ainsi de la bourgeoisie d'un des seigneurs à celle de l'autre (1).

Le 16 août 1286, la reine de Sicile, Marguerite de Bourgogne, comtesse de Tonnerre, fille d'Eudes et de Mahaut et épouse de Charles d'Anjou, donna aux habitants d'Arthonnay le droit d'usage dans la forêt de Maulne. Cette princesse habitait alors le château de Maulne, où elle s'était retirée après son veuvage survenu l'année précédente. C'est alors

(1) Bulletin de la Société. Histoire du comté de Tonnerre par M. Challe, p. 132.

qu'elle fit hommage à Guy de Genève, évêque de Langres, pour tous les fiefs du Tonnerrois qui relevaient de son évêché et qu'elle y comprit la donation susdite du droit d'usage en la forêt de Maulne. Dans la charte rédigée à cet effet, l'illustre bienfaitrice stipule avec les habitants que chaque année, le 5 juillet, à l'occasion de la fête patronale de Saint Valentin, une aumône générale sera faite aux pauvres (1) Voici comment, jusqu'à la Révolution, s'exécutait cette aumône : les échevins procédaient, la veille de la fête de Saint Valentin, à l'élection de quatre conseillers chargés de lever, sur chaque habitant, soit un morceau de pain, soit la somme de cinq deniers. Le lendemain, jour de la Saint-Valentin, le produit de leur collecte était distribué aux pauvres du pays, puis à ceux des lieux circonvoisins et enfin aux pauvres étrangers. Selon la transaction, cette distribution se faisait sur l'heure de midi, après la messe solennelle du saint patron, au devant de la porte principale de l'église, en présence du curé et du maire, assistés du secrétaire greffier qui prenait les noms des pauvres bénéficiant du produit de l'aumône, et ensuite en dressait acte au registre de la commune où le maire, les commissaires et les pauvres devaient signer (2).

D'après la copie d'un ancien inventaire que nous avons trouvée aux archives paroissiales, l'église d'Arthonnay conserva longtemps comme une précieuse relique un ornement sacerdotal de soie bleue aux parements d'argent, confectionné par cette reine (3).

Au temps de la Jacquerie, le pays de Champagne et le Tonnerrois ne furent pas exempts du frémissement qui emporta le peuple des campagnes contre les seigneurs. Puis vinrent les maux causés par les grandes Compagnies. « De par devers Pont-sur-Yonne, écrit Froissart, vers Prouvins, vers Troyes, vers Tonnerre et vers Auxerre, étoit le pays si entrepris de forts guerroyeurs et de pilleurs que nul n'osoit issir des cités et des bonnes villes... Rien ne duroit devant eux, ne aussy ne le alloit au devant. » « En 1358, dit M. Ai-

(1) Le nécrologe de l'Hôpital de Tonnerre mentionne ainsi cette circonstance : « Hodie fit eleemosina pauperibus apud Arthonnayum pro fondatrice, eo quod tradidit eis usagia in Mauna. »

(2) Registre des délibérations communales.

(3) Inventaire paroissal 1635, feuille papier, 2e liasse.

mé Chérest dans son ouvrage sur *l'Archiprêtre* (1), les grandes Compagnies occupent la région champenoise, voisine du Châtillonnais, commandées par trois chefs renommés : Eustache d'Auberchicourt, Pierre Audley et Albrecht l'Allemand, qui avait établi son camp à Gyé-sur-Seine. » L'année suivante, 1359, les bandes desdites Compagnies, considérablement augmentées par une nombreuse armée anglaise, envahissent le Tonnerrois, et c'est dans l'abbaye même de Molesme que se fait la concentration de ces troupes sous la conduite de Jean de Neufchâtel. De Molesme, ces bandes se répandirent dans tous les alentours où ils rançonnèrent et ruinèrent le paysan, pour aller rejoindre leurs frères d'armes qui occupèrent l'Auxerrois. Un de leurs chefs, Guillaume Starqui, qui s'intitule le capitaine de Ligny-le-Châtel et quelquefois de Bragelogne, se montra tellement exigeant dans ses demandes de rançon, que les populations ne purent faire face aux tailles, taillons et autres subsides auxquels elles étaient assujetties (2). Les champs demeuraient en friches, les maisons désertes, abandonnées par leurs maîtres qui devaient combattre au service des seigneurs pour le roi de France. « Les maux que firent souffrir au royaume ces hordes guerrières, dit Simon Luce, sont à peine croyables. Les gens des Compagnies sont d'autant plus exigeants qu'ils ont soif de toutes les jouissances et veulent vivre comme de grands seigneurs. Au fond, c'est là leur unique passion et le principal mobile qui les fait agir. Dans leurs chevaux, leur vaisselle, leur toilette, ils étalent un luxe insolent. Les aventuriers qui occupent Bragelogne n'ont pas moins de dix-sept chevaux. Ils détellent de la charrue les bêtes de somme des paysans pour se les attribuer et les chefs ne sont contents que s'ils ont à la fois dans leurs écuries des destriers pour les combats et des palefreniers pour les joûtes (3). »

En décembre 1433, durant la furieuse guerre des Armagnacs et Bourguignons, le Tonnerrois fut à nouveau envahi par les troupes des deux partis; tous les bourgs et villages, fortifiés ou non, furent attaqués, pillés et brûlés. A cette date a lieu le sac de Channes (4) et le pays voisin d'Ar-

(1) *L'Archiprêtre*, épisodes de la guerre de Cent Ans, page 119, in 8°. Paris, 1879.

(2) Cherest, *op. cit.*, p. 122.

(3) Simon Luce, *Histoire de Du Guesclin.*

(4) Aimé Chérest *Opus citat.*

thonnay eut à supporter le choc en retour. Les châteaux de Cruzy, Ancy, Lézinnes et Pacy sont aussi emportés par des assauts successifs. Après le départ des ennemis, la dévastation était telle que les religieux de Molesme, seigneurs d'Arthonnay, durent accorder à leurs sujets, pour leur permettre de réparer les ruines, le droit de prendre dans l'ensemble du territoire ce qui leur était nécessaire en bois, en pierres et en arène.

La cession par Marguerite de Bourgogne aux habitants d'Arthonnay des droits d'usage dans la forêt de Maulne devait être pour eux dans la suite une source de nombreuses difficultés; car les successeurs de la bienfaitrice n'étaient pas tous animés des mêmes intentions charitables. En 1500, par exemple, nous voyons le comte de Tonnerre s'emparer des cantons de la forêt de Maulne cédés aux habitants d'Arthonnay. Il s'ensuivit entre les ayants droits et l'usurpateur un procès poursuivi jusqu'à ce qu'enfin complète justice eût été rendue à la communauté. Ces démêlés judiciaires arrivèrent à l'état aigu sous le comte Louis II de Husson (1525-1537) et ne se terminèrent, en 1535, que par un accord entre le comte de Tonnerre et l'abbé de Molesme, Antoine de Vienne, seigneur d'Arthonnay. En vertu de cet accord, Louis de Husson confirmait les habitants d'Arthonnay dans leurs droits d'usage dans la forêt de Maulne, « scavoir de mener et envoyer toutes leurs bêtes grosses et menues et couper bois pour toutes leurs nécessités et affaires en ladite contrée et climat vulgairement appelé les Usages d'Artonnay ». Le comte accordait en outre aux dits habitants et à leurs successeurs « la faculté de mener leurs bestes en tout temps et saison de l'année, tant de grains qu'en dehors, couper, prendre et emmener tout bois tant vert que sec pour chauffer et édifier audit lieu et finage d'Arthonnay sans toutefois en mésuser ne abuser ». La délimitation du finage, où les habitants jouissaient de ces droits, devait être refaite et marquée par des bornes, aux dépens desdits habitans (1) ». Cet accord reproduisait aussi, exactement, la réserve imposée par la reine de Sicile aux habitants en 1292, à savoir que « les usagers ne pourraient mener qu'un chien ou deux, en laisse, pour la garde de leurs bêtes, mais sans les lâcher,

(1) *Annuaire historique de l'Yonne* et *Bulletin de la Société.*

sinon pour « courir au loup ». Il leur était aussi interdit « d'édifier aucun fourneau à chaux, ni faire charbon en ladite contrée sinon pour la réparation de leur église et pour les affaires de la communauté, et si aucun d'eux abusait des usages il devait être privé par les sergens dudit seigneur dudit droit d'usage pendant un an et amendable de 60 sols tournois ». En échange de ces avantages, les habitants devaient, chaque année, fournir deux bichets d'avoine à la mesure de Cruzy et payer six deniers le jour de la Saint-Vincent d'hiver. Si deux ménages desdits habitants demeuraient ensemble, ils n'étaient réputés que pour un feu et les veuves n'étaient comptées que pour un demi-feu.

De son côté, Antoine de Vienne, abbé de Molesme, tirait de cet accord, pour son monastère, des avantages plus importants encore. Il obtenait, en effet, le droit de prendre dans les usages le bois nécessaire à l'exploitation de ses fours tant à chaux que bannaux. De plus, il pouvait construire de nouveaux fours à pierre blanche tant pour ses maisons d'Arthonnay que pour son abbaye, et ce sans payer aucune sorte de redevance.

Arthonnay aux temps modernes. — Nous sommes arrivés au temps de la Réforme, ce grand mouvement du XVIe siècle que nous n'avons pas à juger ici. Bientôt ce fut partout la guerre civile. De part et d'autre, on se livrait à des combats sanglants et à des scènes horribles. Les Huguenots saccagèrent les églises et les presbytères, les abbayes et les prieurés, en représaille des exécutions qui avaient lieu contre leurs frères réformés. C'est ainsi qu'en nos contrées, l'abbaye de Quincy est ravagée par son propre prieur commendataire, Odet de Châtillon, qui avait adhéré à la nouvelle religion. En septembre 1567, l'abbaye de Molesme est prise et mise au pillage, les religieux sont obligés de s'enfuir. La même année, les protestants occupent Arthonnay, s'emparent de la maison seigneuriale et s'installent dans l'église à peine construite pour s'en faire un lieu de refuge.

Quelques années après, en 1589, Arthonnay fut encore livré au pillage. Une troupe d'Allemands et de Suisses, à la solde du roi de France, ocupait alors les Riceys. Ils exigèrent un tribut des habitants d'Arthonnay; mais, confiants dans leurs murailles, les habitants le refusèrent. Alors l'ennemi amena son artillerie et, dit un mémoire du temps, « il fallut donner l'assaut à cette canaille qui se défendait furieusement. Tout fut mis au pillage, les femmes et les filles violées et quasi tout le village brûlé (1) ».

En 1614, au mois d'avril, un sous-seing privé est passé entre les habitants de Panfol et les religieux de Molesme, donnant droit aux habitants de prendre du bois dans la forêt dudit lieu pour leurs divers usages. Par ce contrat, les habitants de Panfol sont reconnus comme jouissant de droits plus étendus que les habitants d'Arthonnay sur leurs propres usages. Cet état de chose subsiste quelque temps sans amener de procès. Un siècle et demi après, en 1775, les habitants de Panfol, pour être plus assurés de leurs droits, font collationner l'acte précité par Ramin, notaire royal aux Riceys (2).

Les biens donnés par les Maligny à l'abbaye de Molesme, et qui constituaient primitivement le finage entier d'Arthonnay, furent dans la suite des temps aliénés à diverses personnes. C'est ainsi que les comtes de Tonnerre arrivèrent à posséder une grande étendue de terres dans la seigneurie d'Arthonnay et que nous voyons plusieurs lieux dits du finage figurer à l'état détaillé du triage de Maulne fourni par Anne de Souvie, marquise de Louvois, en 1662, savoir : « le val des Caves de sous Plon, le val Millot, les Jarries, la Mouillée, le Chemin-Borné, le val Oursin dit Luchin et le val Bougy. »

Le 2 juin 1698, au nom de Mme la marquise de Louvois, sont assignés par-devant le procureur fiscal de Cruzy-le-Châtel, quatorze habitants d'Arthonnay, accusés d'avoir enlevé du bois dans la forêt de Maulne et d'avoir dégradé les taillis de ladite dame. Tous sont condamnés à payer chacun 10 livres d'amende. Ces hommes ne s'étant pas présentés furent poursuivis comme rebelles au seigneur de Cruzy. Ainsi honteusement traités, de condamnés, ils se firent accusateurs et dirent pour leur défense : « En allant chercher du bois dans la forêt, nous n'avions aucunement l'idée de faire tort à Madame la Marquise; car nous étions aux Usages d'Arthonnay, que nous savons avoir été usurpés par le fils de

(1) A. Challe, *Histoire du comté de Tonnerre* et *Cabinet historique*, 24e année, p. 289.

(2) Arch. de l'Yonne.

la veuve Le Tellier de Louvois et savons aussi appartenir à ladite communauté d'Arthonnay, par l'acte d'abandon fait en 1262 par la reine de Sicile, comtesse de Tonnerre, Marguerite de Bourgogne. » Malgré les bonnes raisons apportées à leur défense, les quatorze habitants furent maintenus dans le paiement de l'amende (1).

En 1700, Arthonnay a acquis depuis longtemps assez d'importance pour jouir du privilège des foires; deux foires s'y tiennent annuellement, l'une au mois de juillet, en coïncidence avec la fête patronale, l'autre au mois de décembre. En 1789, ou peu de temps après, deux nouvelles foires sont établies, l'une à la veille des Rameaux, la seconde au 16 septembre. Au dix-neuvième siècle, une décision préfectorale intervient et fixe la tenue de ces assemblées aux époques suivantes : la première, le lundi de Pâques, foire particulièrement bien suivie et qui donne lieu à des transactions importantes; la seconde, au 23 mai; la troisième, au 5 juillet; la quatrième, au 19 septembre; la cinquième, dite foire des Etrennes, fixée au 29 décembre.

En 1793, un marché hebdomadaire fut établi dans la commune; il se tenait le mardi de chaque semaine, mais le défaut d'acheteurs le fit vite tomber en désuétude. Il dura à peine quelques années (2).

Arthonnay sous la Révolution. — Durant les trois premiers quarts du XVIIIe siècle, nous ne connaissons aucun fait d'ordre général important à rapporter. Il nous semble que cet état de choses est le grand précurseur d'une terrible tempête. Sous l'action du Philosophisme, les esprits sont surexcités, bientôt les événements vont se précipiter en France; l'ordre social va avoir à affronter le choc terrible de la Révolution.

La Constituante, qui s'était investie de la puissance souveraine au détriment du roi Louis XVI, ouvre le feu; car immédiatement après la prise de la Bastille qui produisit dans toute la France un si vif mouvement d'exaltation, les représentants de la noblesse et du clergé croyant arrêter le mouvement général sacrifient leurs privilèges dans la

(1) Archives de la famille de Louvois et Notes sur Cruzy-le-Châtel.

(2) Registre des délibérations de la commune d'Arthonnay depuis 1789.

nuit du 4 août 1789. Par cet acte, disparurent toutes les distinctions sociales de l'ancien régime. L'heure fut solennelle et décisive et comme « l'assemblée voulait tout, elle prit tout (1). » L'abolition des dîmes sans rachat fut d'abord prononcée; puis le 29 septembre suivant parut le décret portant la spoliation des temples. Après la séance du 2 novembre, le clergé se trouve privé de tous ses biens qui deviennent la propriété de la Nation.

On sait qu'un décret du 11 février 1790 supprima les ordres religieux et mit à l'encan les biens des abbayes. Les ventes des biens provenant soit de l'abbaye de Molesme, soit de la Fabrique ou de la Cure, et situés sur le finage d'Arthonnay, eurent lieu par-devant l'administration du district de Tonnerre, aux dates suivantes : 7 avril, 27 septembre 1791, 21 messidor an IV et 19 germinal an V (2).

Antérieurement à ces ventes, les biens religieux furent confiés par le séquestre à la surveillance du sieur Poulin, fermier des biens de la seigneurie d'Arthonnay, dépendant de l'abbaye royale de Molesme. Sous la gérance de ce fermier, plusieurs parts de ces biens furent louées au citoyen Chastrey pour un faible revenu. Lors de la vente, ledit Chastrey se fit enchérisseur pour la maison seigneuriale et le sieur Grattepain, avec quelques autres habitants du pays, acquit, pour une somme modique, d'importants domaines. En décrétant la vente des biens ecclésiastiques, l'Assemblée Constituante avait voulu « appeler à la propriété le plus grand nombre possible de citoyens ». Mais les lots étaient encore trop gros pour la plupart; les petits paysans ne purent enchérir et les bonnes terres et les grosses parts furent achetées, à Arthonnay, par quelques fermiers des moines et les habitants les plus riches du pays.

Que devinrent les religieux de Molesme après la saisie des biens de l'abbaye et de toutes les dépendances de l'ordre ? Pour échapper aux peines portées contre les religieux par la loi française, le plus grand nombre, constant dans sa vocation, prit le chemin de l'exil; les autres se firent admettre au nombre du clergé séculier.

Le 17 mars 1790, l'année ayant été mauvaise par la ré-

(1) Abbé Baruel, *Le Clergé sous la Révolution.*

(2) Archives départementales de la Côte-d'Or et de l'Yonne et E. Drot, *Table des biens nationaux. Annuaire de l'Yonne.*

colte et l'hiver s'étant fait sentir très rigoureusement, il se trouva que plusieurs habitants, après les mauvais jours, se virent privés de tous moyens de subsistance. C'est pour parer à cette misère que le Directoire du département adresse à Arthonnay un secours de riz de 18 livres (1).

Le 9 août de la même année, le Directoire homologue une délibération de la municipalité d'Arthonnay nommant deux gardes pour les bois communaux, aux appointements de 150 livres par an. Cette somme de 300 livres devait être prise par moitié sur la coupe communale et moitié sur chaque contribuable au marc la livre (2). C'était une nécessité d'augmenter le nombre des gardes. Nous lisons, en effet, dans les actes de la municipalité d'Arthonnay, qu'en 1790 et 1791, tant dans les bois nationaux que dans les bois communaux, se commettent de honteux brigandages. Des pillards profitent de la dispersion des communautés religieuses et du peu de surveillance exercée par le séquestre pour ravager la forêt de Maulne.

Le 3 février 1791, les habitants d'Arthonnay, mécontents de voir leurs bois d'usages usurpés par le marquis de Louvois, refusent de payer les avoines et les six deniers accoutumés. Pour arrêter ce différend, il est décidé qu'on s'en rapportera à un arbitrage. Malgré leurs droits immémoriaux, les habitants sont déboutés. L'exaspération est alors à son paroxysme. Le 21 mai suivant, la commune ayant reçu assignation de Mme Le Tellier, les habitants, réunis extraordinairement, délèguent le maire, Pantaléon Munier, près de Me Cottin, homme de loi, à Tonnerre, avoué près le tribunal de cette ville, avec pièces en mains, pour demander son conseil et son appui. Entre temps arrive l'époque de payer à la marquise de Louvois le droit de taille dû en vertu de la transaction du 4 février 1529. Les habitants s'exécutent, mais en faisant les plus expresses réserves de droit pour raison de non-jouissance de plus de la moitié des bois communaux dont s'agit, cédés aux habitants par ladite transaction. Le procès engagé devait se poursuivre pendant toute la Révolution. En 1793, le procureur de la commune accuse Cottin de ne pas poursuivre l'affaire assez énergiquement et de-

(1) Extraits des délibérations du Directoire de l'Yonne, t. I, p. 341.

(2) Ibid., page 449.

mande que le dossier lui soit retiré pour être confié au fameux avocat Chérest. Le représentant du peuple Garnier, ami de Chérest, fait droit à cette demande et décide de se rendre lui-même à Ancy-le-Franc pour y consulter les titres de Louvois. Mais il ne put entrer en possession du dossier, les scellés ayant été apposés chez Cottin, enfermé comme suspect. Ce n'est qu'en 1802 qu'un arrêté du Conseil de Préfecture de l'Yonne reconnut le bien-fondé des prétentions de la commune d'Arthonnay et la réintégra dans la possession de ses bois. Mêmes difficultés se présentèrent, à la même époque, pour les habitants de Panfol.

En février 1791, une réclamation est adressée aux habitants de Villon à l'effet de verser au citoyen Paulin, fermier des domaines de l'ancienne seigneurie d'Arthonnay, le droit de tierce que les habitants dudit lieu payaient d'ancienneté aux religieux, seigneurs d'Arthonnay. Paulin réclame, en outre, les arrérages échus de ce droit. Sur le refus des habitants, le fermier obtient de la municipalité une délibération portant qu'il lui sera payé une somme de 200 fr. pour lui tenir lieu de la tierce. Mais le Directoire du département, « considérant qu'aux termes de l'article 2 de la loi du 23 juin 1790 les droits de champart qui se payaient en nature et n'ont pas été supprimés sans indemnité doivent être payés en la manière accoutumée, c'est-à-dire en nature, et à la quotité d'usage, comme par le passé, jusqu'à leur rachat; que l'article 5 de la même loi fait défense d'apporter aucun trouble dans la perception de ces droits; que l'article 6 enjoint à la municipalité de surveiller la perception; considérant que la délibération de la commune de Villon ne peut être que l'effet de la crainte, que par conséquent elle ne peut avoir son effet, arrête qu'il n'y a pas lieu d'homologuer ladite délibération comme contraire à la loi, sauf au sieur Paulin à agir pour la perception du droit de tierce et devant qui il appartiendra (2). »

Malgré la surveillance exercée de tout temps sur la forêt, la population d'Arthonnay comptait alors, comme aujourd'hui, un certain nombre d'individus se livrant au bracon-

(1) Délibérations communales de Villon et Arch. de l'Yonne, L § I, n° 23.

(2) Extrait des délibérations par Ch. Porée, Archiv. départem., t. IV, p. 8.

nage. Il y eut contraventions qui amenèrent quelquefois des disputes sérieuses et dans lesquelles, l'argument verbal ne suffisant pas, on usait d'arguments frappants. Il y eut des rixes sanglantes. L'une d'entre elles mérite d'être consignée ici et nous la transcrivons d'après les registres du greffe de la justice d'Arthonnay : « Ce jourd'huy 21 janvier 1792, au soir, en la maison commune d'Arthonnay, par devant nous, Edme Simon; Valentin Guinot; Jacques Tranchant; François Collin; Edme Gérard; Germain Munier, officiers municipaux, et Claude Morizot, procureur de la commune, assistés de notre secrétaire ordinaire, est comparu Jean Bonclère, garde des bois nationaux situés sur Panfol, hameau dépendant de notre municipalité, demeurant ordinairement à Panfol, lequel nous a dit et fait rapport que, le jour d'hier, vingtième du présent mois, faisant sa tournée, en exercice ordinaire, pour veiller à la conservation desdits bois nationaux, étant arrivé au climat dit « les Fourrés », il aurait trouvé deux tas de bois coupé, tant vert que sec, scavoir : 1° d'une douzaine de morceaux de chêne sciés et fendus en quartiers avec la cime dudit chêne non fendu, lequel chêne lui a paru sec et lui a paru l'arbre avoir trois pieds de tour à en juger par la cime; 2° deux autres petits chênes baliveaux dont les pieds étaient verts et le dessus sec; 3° d'un alousier (alisier) scié en trois billes lequel était d'environ 15 à 18 pouces de tour. Ne sachant à quelle heure ce délit a pu être commis, ni n'en connaissant point les auteurs, a veillé constamment pendant le reste du jour d'hier et la matinée de ce jour pour examiner si le délinquant se présenterait pour enlever ce bois. Ayant parcouru les environs du climat pour trouver les troncs où ce bois avait été coupé, il n'a rien trouvé. De sorte que ledit Bonclère a pris le parti de s'adresser au nommé Joachim Guinot, fils de Nicolas, laboureur à Panfol, pour voiturer ledit bois et le conduire au greffe de notre municipalité, ce que ledit Guinot a accepté et s'est transporté avec ledit Bonclère, garde, audit climat des Fournaies ce jourd'huy sur l'heure de dix du matin. Après avoir chargé le bois sur la voiture dudit Guinot, à dessein de le conduire en notre greffe, étant arrivés à Panfol, ils ont trouvé le nommé Edme Pacot, laboureur audit lieu, qui conduisait ses bêtes au bois, lequel Pacot dit audit Bonclère qu'il était trop tard pour venir enlever son bois et qu'il le payerait bon un jour. A ce, ledit Bonclère n'a rien répondu et, continuant son chemin, est enfin arrivé vis-à-vis la croix dudit lieu de Panfol. Sur cette place publique se sont alors présentées au devant de la voiture les personnes d'Edme-Fidèle Pacot, Pierre Virey, Nicolas Pacot, fils d'Edme, garçon, Toussaint Pacot, Jacques Thomassin, J.-B. Thomassin et le fils de Pierre Thomassin, tous demeurant à Panfol. Desquels, Edme--Fidèle Pacot, Pierre Virey, Nicolas Pacot se sont jetés sur ledit Guinot et l'ont pris aux cheveux. A ce faire se sont trouvées les nommées Jeanne Crozot, fille d'Edme Thomassin, avec sa fille; lesquelles se sont entremises pour arrêter la querelle sur Bonclère, garde, lequel suivait la voiture, muni de son fusil qu'il portait sous son bras. Alors Edme-Fidèle Pacot s'est jeté sur ledit Bonclère pour le désarmer, mais celui-ci a laissé le fusil tomber à terre et s'est prudemment et lestement échappé des mains de l'adversaire, quoique ledit Bonclère ait eu le temps de recevoir dudit Pacot un fort coup de poing sur la tête, duquel coup beaucoup de sang lui est sorti par le nez; et après ledit Pacot a dit audit Bonclère qu'il le trouverait un jour seul et qu'il l'arrêterait. Ledit Guinot, se voyant ainsi molesté, a refusé de conduire ledit bois au greffe, craignant qu'il ne lui en arrive plus grand inconvénient, ce qui a ensuite décidé ledit Bonclère à conduire le bois en question dans la chambre où il fait son domicile audit lieu de Panfol. Dont et de tout ce que dessus ledit Bonclère nous a requis d'en faire acte, et nous a dit qu'il affirmerait le contenu d'icelui, lorsqu'il en sera requis d'en faire acte devant qui il appartiendra, lequel a signé avec nous susnommés et notre secrétaire ordinaire le mois, jour et an susdit. »

En vertu de la loi du 14 octobre votée par l'Assemblée nationale, Arthonnay avec Quincerot devaient former une compagnie de la garde nationale. Aussitôt que l'arrêté fut connu à Arthonnay, les habitants, qui avaient adhéré à la Constitution nouvelle, voulurent marquer leur patriotisme par leur empressement. On se mit donc en devoir de former la compagnie et d'en élire les chefs. On choisit les officiers et les sous-officiers hors la présence des hommes de Quincerot qui n'avaient pu se trouver présents lors de l'élection. La précipitation avec laquelle les gens d'Arthonnay avaient agi ne fut pas acceptée sans récriminations de la part de ceux de

(1) Registre des délibérations communales.

Quincerot. Après bien des discussions, on put s'entendre de part et d'autre, mais il semble que dans cette garde nationale l'ordre était loin de régner ainsi que la discipline, car, est-il dit dans un compte rendu de l'époque, « chacun agit à sa guise et chacun s'exécute à sa façon (1) ».

Vers avril 1792, la commune passe par une suite d'événements administratifs dont nous ne trouvons aucune consignation au registre des Délibérations municipales. Nous n'en connaissons l'existence que par un arrêté du Directoire du département en date du 19 dudit mois et ainsi conçu : « Vu lesdits actes, l'avis du district de Tonnerre du 8 mai dernier, et M. le Procureur général entendu, le Directoire du département, considérant que, suivant l'article 20 de la loi du 24 novembre 1791, les officiers municipaux sont personnellement responsables du payement des termes échus des contributions directes; considérant pareillement que, suivant l'article 11 de la loi du 14 mars dernier, la démission d'aucun officier municipal en activité avant le premier janvier 1792 ne peut être admise qu'en faisant par lui l'avance, savoir : dans les municipalités composées de trois membres, du tiers réuni des contributions foncière et mobilière, en principal et sols additionnels; dans les municipalités composées de six membres, du sixième desdites contributions, et ainsi de suite; considérant, en conséquence, que les démissionnaires étaient en activité avant le 1er janvier dernier, et qu'ils ne justifient aucunement avoir avancé le sixième desdites contributions; arrête, en ce qui concerne le sieur Baroche, que sa démission ayant été acceptée sur le champ et ayant été remplacé par le sieur Germain Munier, l'un des notables, il n'y a lieu à délibérer à son égard; quant à ce qui concerne les sieurs Guinot, Colin, Tranchant, officiers municipaux, et le sieur Simon, maire, attendu que d'une part ils ne proposent aucuns moyens plausibles; que de l'autre, ils ne justifient pas de l'avance du sixième des contributions, arrête qu'il leur est enjoint de reprendre leurs fonctions et de les remplir avec activité à peine de répondre personnellement de tous événements; arrête, en outre, que les gardes préposés à la conservation des biens communaux sont tenus de surveiller et de faire des rapports contre tous les délinquants à peine de répondre des dommages et intérêts en

(1) Registre des délibérations municipales.

leur propre et privé nom; que la municipalité d'Arthonnay demeure également tenue de donner tous ses soins pour arrêter les dégradations, en employant tous les moyens qui lui seront prescrits par la loi forestière, à peine de responsabilités. »

Au moment de l'invasion de 1792, quand la Patrie fut déclarée en danger, un décret ordonna la permanence des corps administratifs. Mais son observation était difficile dans les campagnes où les membres des municipalités étaient absorbés par les travaux des champs. « Si souvent, est-il écrit au registre des délibérations du Conseil général d'Arthonnay, le maire n'a que se féliciter des membres du Conseil, d'autres fois, aussi, trouve-t-il que lesdits citoyens ne veulent pas s'acquitter de leurs honorables fonctions, ce qui serait, paraît-il, pour eux, en venant aux convocations réitérées, occasionner un délaissement du lien conjugal !!! » Tendres époux et bons pères !!! Dans une autre protestation, le même sieur Simon dit encore : « Mes bras droits ne se pressent pas à comparaître au lieu des séances. Il ne s'y trouve personne sinon quelques membres, et la plupart du temps, je suis obligé de les faire inviter par l'officier de la municipalité. » Malgré toutes ces précautions, ledit sieur maire se vit obligé plusieurs fois de se retirer, attendu qu'il n'y avait pas un nombre suffisant de membres pour pouvoir délibérer valablement. « Aussi, est-il dit au Registre des délibérations, à l'avenir pour éviter l'obstacle à toute réunion du Conseil, des mesures énergiques seront prises, et, à moins d'être malades ou absents du pays, les absents seront condamnés à payer trois livres pour chaque fois qu'ils se seront absentés. »

Le patriotisme ne manquait cependant pas aux habitants d'Arthonnay. Le 26 août 1792, ils décident qu'il sera prélevé sur le revenu des bois communaux une somme nécessaire pour la fourniture de l'habillement et de l'armement complet des volontaires de la commune, désignés par le sort. Ce furent les nommés Louis Vigrault, cordonnier, et Jean Grattepain, sabotier, âgé de 36 ans, auquel fut substitué François Nicole. Le 29 août 1792, Louis Vigrault et François Nicole étaient dirigés sur l'armée de Dumouriez. Incorporés aussitôt, ils se battirent à Valmy (20 septembre 1792). Nous ignorons s'ils revinrent dans leurs foyers.

L'armée avait besoin d'armes, de munitions et de subsistances. En vertu d'un ordre du Directoire du département, nous voyons (27 septembre 1792) les sieurs Thierry et Millon, commissaires, faire des visites domiciliaires tant à Arthonnay qu'à Panfol, pour réquisitionner les fusils. Si plusieurs accédèrent à la demande, plusieurs refusèrent, et parmi ces derniers, un nommé Nicolas Paquot, dit Pascal, de Panfol. Néanmoins, au retour de leur expédition à Panfol, les commissaires susnommés trouvaient quatorze fusils déposés à la maison commune. A la même époque, les habitants d'Arthonnay et de Panfol, sur réquisition qui leur est adressée, fournissent pour l'armée une certaine quantité de grains. La part de la commune s'éleva à 90 mesures de Tonnerre.

En vertu d'un décret de la Convention nationale, le 17 mars 1793, par les soins de l'administration communale, il est expédié à Tonnerre un uniforme complet de militaire qui appartenait précédemment à un particulier. C'est ainsi que la bonne volonté des citoyens subvenait aux nécessités du gouvernement qui était alors sans ressources pour équiper ses soldats. Si l'argent manquait pour habiller les défenseurs de la Patrie, il n'y en avait pas non plus pour acheter des armes. Aussi, à cette date, une nouvelle demande de fusils est-elle adressée à la commune. Comme ils avaient tous été levés l'année précédente, il fut répondu à l'Administration : « A Arthonnay, il n'y a fusils ou autres armes pour être adressés à Tonnerre. »

Le 8 septembre 1793, lors des levées en masse ordonnées par la Convention sur la proposition du Comité de Salut public, Arthonnay reçoit un ordre émanant du représentant du peuple à Auxerre, portant que la commune devra fournir un bichet de blé par homme parti à l'armée. Les habitants devaient acquitter leur part de cette réquisition entre les mains des commissaires chargés de la levée, lesquels pouvaient contraindre les opposants par toutes les voies. Cette première réquisition de blé fut suivie d'une seconde en date du 8 ventôse an II. La commune se soumit comme la première fois, « malgré, est-il ajouté, les difficultés qui existent de se procurer des graines, bien qu'il y en ait chez certains propriétaires. » Le mois suivant (29 germinal an II), une troisième réquisition a lieu pour Auxerre. L'administration du district de Tonnerre, qui était chargée d'exécuter la réquisition, se heurte alors à un mauvais vouloir général. Avec vingt autres communes, Arthonnay essaye par tous les moyens de l'esquiver. Néanmoins, 18 quintaux sont prélevés.

Le 24 floréal, est adressée par l'Administration une réquisition de cendres pour servir aux ateliers de salpêtre. Peu après, la commune est encore sollicitée d'envoyer du papier qui manque pour fabriquer des cartouches. « La rareté de cette matière se fait si grande, est-il dit, qu'on demande aux habitants quantité de vieux linges, chiffons, vieux drapeaux, rognures de parchemin, etc. » Chacun devait en fournir au moins une livre. A la même date, autre réquisition de 20 quintaux de grains en faveur de la commune de Serrigny.

Liste des maires d'Arthonnay de 1789 *à* 1909.

1789. Pantaléon Munier.
1792. Edme Simon.
1794. Laurent Larbouillat.
1795. Pierre Thierry.
1796. Nicolas Roussel.
1800. Bonclère.
1808. Claude Grattepain.
1809. Pierre-Hubert Gaillardet.
1840. Léonard.
1841. Thierry.
1844. Gaillardet.
1849. Bonclère.
1853. Gaillardet.
1861. Léonard.
1872. Prunier.
1875. Léonard.
1876. Isidore Munier.
1878. Prunier.
1884. Honoré Munier.
1901. Emile Bourdot.
1904. Lucien Basset.
1908. Emile Ménégault.

DEUXIÈME PARTIE

HISTOIRE ECCLÉSIASTIQUE

—

§ I

ORIGINES DE LA PAROISSE.

Selon toute apparence, Arthonnay reçut la prédication chrétienne vers le VIe siècle, au moment où saint Valentin, apôtre de Grizelles et du Lassois, vivait en nos contrées. Mais à quelle époque Arthonnay fut-il érigé en paroisse ? Nous ne pouvons le dire. Il semble bien cependant que dès le Xe siècle, Arthonnay était centre paroissial et que l'évêque de Langres en possédait l'administration. Tout ce que nous savons, c'est que dès l'année 998, l'évêque Brunon donne aux religieux bénédictins de Saint-Michel de Tonnerre une portion de terre appelée *La Chappe*, située au finage d'Arthonnay, mais sans pour cela abandonner son droit de collation sur l'église (1). D'où nous pouvons conclure que, dès l'origine, ce furent lesdits religieux qui administrèrent l'église d'Arthonnay. Il dut en être ainsi jusqu'au moment où les seigneurs de Maligny firent donation à saint Robert, fondateur de Molesme, et à ses compagnons de l'alleu d'Arthonnay. Encore, il semble bien que les religieux de Molesme n'administrèrent pas longtemps par eux-mêmes, si même ils exercèrent ici les fonctions curiales, car nous savons que, dès le XIe siècle, les fonctions étaient exercées par des prêtres séculiers sous l'autorité des évêques. Alors les religieux, tout en demeurant seigneurs féodaux du lieu, ne conservaient que le titre de curés *primitifs*, avec le droit de nomination et de présentation à l'évêque.

§ II

L'ÉGLISE

L'église actuelle d'Arthonnay est située à l'extrémité nord du pays. Elle se trouve placée entre les dépendances de l'an-

(1) Note consignée dans un ancien registre de la paroisse par M. Hilarion Regnard, curé.

cien presbytère (1) au midi, et l'ancien bâtiment seigneurial des moines de Molesme sis plus au nord.

Ce monument date du XVIe siècle et possède une longueur de vaisseau de 29 m. 40 cent.; la longueur des nefs est de 18 m. 60. La largeur du sanctuaire, point le plus rétréci, et formant abside, est de 6 mètres. La largeur unique des voûtes est de 13 mètres 40 centimètres. Cette église fut bâtie par les soins d'Antoine de Vienne, premier abbé commendataire de Molesme. L'abbé Roussel, dans son important ouvrage : *Le Diocèse de Langres,* fait mourir Antoine de Vienne à La Ferté. C'est là une erreur, puisque nous savons, d'après les actes de Molesme, qu'il mourut à Arthonnay, peu d'années après la construction de l'église et qu'il fut enterré dans le lieu saint en 1551.

L'église ne comprend, en plan, qu'une abside et un transept; les travaux s'arrêtèrent après la construction de ces deux parties de l'édifice et la nef ne fut jamais achevée.

On remarque, encastré dans le mur méridional, entre deux contreforts du sanctuaire, et élevé à un mètre et demi au-dessus du sol, un curieux bas-relief, portant cette inscription en lettres gothiques :

L'an mil Vc XXXV le XXe de juin
Claude Carrey sa famme et ses enffens
Ont assis cette première pierre de céans
Pries Dieu pour eulx.

La sculpture représente à gauche une femme portant sur le bras droit le plus jeune de ses enfants. Près d'elle, se tient l'aîné qui regarde attentivement un homme vêtu d'une sorte d'aube plissée et portant entre ses mains une pierre sur laquelle est gravée profondément une croix. Il est probable que cette famille Carrey contribua avec Antoine de Vienne à la construction de l'église, à moins que le bas-relief ne représente l'architecte ou l'entrepreneur avec sa famille.

A peu de distance de ce bas-relief, l'un des piliers des grands contreforts du portail est orné d'une admirable niche, au-dessous de laquelle se lit l'inscription suivante :

(1) Depuis la loi de Séparation, le presbytère est devenu le bureau de poste et du télégraphe.

L. M. V^c. XXX. V.
L. X. NO
PIERRE BOSSARD A
FONDÉ
CE TABERNACLE

La famille Bossard, aux frais de qui fut sculptée cette niche, se montra toujours généreuse envers l'église. Un peu plus d'un siècle après, en effet, en 1667, nous voyons que, par testament, Edme Bossard fait donation à l'église d'un journal de terre, à la charge que, « pour le salut de son âme, soient dites et célébrées deux treizaines de messes basses avec deux services à vigiles et recommandées ».

Tous les contreforts sont ornés de niches richement fouillées. Celle de l'abside, donnant sur la rue, est surtout remarquable avec ses clochetons ornés des statuettes des apôtres Pierre et Paul et de deux angelots. La console de cette niche possède un bouclier héraldique sur lequel est sculpté un aigle éployé. J'ignore de qui sont ces armes.

Le portail latéral du sud, le seul qui, actuellement, permette de pénétrer à l'intérieur de l'église, est, aussi, digne d'attirer l'attention de l'archéologue. Il est fort remarquable par la finesse de ses sculptures, formées de feuillages, de fruits et de figurines coiffées à la manière de l'époque. Un trumeau divise la porte en deux parties. Au-dessus du linteau, occupant le tympan, s'ouvre une baie en plein cintre à meneaux. Plus haut le mur est percé d'une jolie rosace.

Le clocher, de forme carrée, possède sur chaque face une double baie ogivale; il est construit sur le carré du transept. Il fut incendié plusieurs fois au cours des siècles, comme nous le verrons plus loin.

En 1648, l'église possède deux cloches dont l'acte de baptême est ainsi consigné dans le registre paroissial : « Le 2 avril 1648 ont été bénites la grosse et la petite cloche de ce lieu par messire Henry Regnard, prêtre, curé d'Arthonnay; la grosse, sous le nom d'Armande, nommée par Me Jehan Mandonnet, procureur fiscal en cette justice, au nom et en l'absence de haut et puissant seigneur Armand de Bourbon, prince de Conty, abbé de Molesme, seigneur de ce lieu, et par Anne Gérard, fille de Me Nicolas, lieutenant en ce dit lieu; et la petite, sous le nom de Georgette, nommée par Georges Regnard, fils de messire Timothée Regnard et par Marie Pidansat. »

Peu de temps après, à ces deux cloches, vient s'adjoindre une troisième de laquelle nous voyons les cérémonies du baptême consignées au registre paroissial en même temps que celles de la bénédiction d'une clochette appelée à être placée au campanile de la chapelle du château de Maulne. Voici cet acte : « Le 16 octobre 1673, furent bénites deux cloches dans l'église de ce lieu : la première, sous le nom de Charlotte, par hault et puissant seigneur Anthoine Benoist de Clermont, abbé de Crusy, prebtre et docteur de Sorbonne, puis après évêque de Fréjus, et par demoiselle Charlotte Luche, femme de noble homme Henri Viaud, conseiller du Roy, ancien receveur des tailles à l'élection de Tonnerre; et l'autre cloche, destinée pour le château de Maulne, a été nommée Marie-Françoise; la marraine a été Marie-Françoise, fille de hault et puissant seigneur Pierre de Mussy, président au Parlement de Grenoble, et puissante dame Magdeleine-Catherine-Marie de Clermont, et en présence d'Antoine Benoist de Crusy. »

Vingt ans après, en 1693, après un violent incendie causé par le feu du ciel, il fut procédé à la réfection du clocher et à l'installation de nouvelles cloches. L'acte qui consigne cette nouvelle bénédiction est ainsi formulé : « Après l'embrasement et destruction du clocher de cette église, arrivés le 28 mars 1693 par le feu du ciel, la voûte qui était au-dessous des cloches fut défoncée. Les deux cloches furent refondues en l'état où elles se trouvaient, à la dévotion de messire Hilarion Regnard, pour lors curé dudit Arthonnay. La cérémonie du baptême desdites cloches eut lieu solennellement en présence d'une grande foule. La grosse eut pour parrain, ainsi que l'inscription de dessus le marque, noble homme Claude Bogne, seigneur de Franchy (?), receveur des tailles de l'élection de Tonnerre; pour marraine, damoiselle Elisabeth Thiesset, épouse de M. René Cerveau, élu en l'élection de Tonnerre. » Sur la petite cloche qui n'avait pas été cassée, mais simplement fêlée, on lisait seulement ces deux vers :

Signo ubi primum, medium finemque dierum
Intactae Matri plebs pia dicat Ave.

C'est, comme on le voit suffisamment, la cloche qui servait trois fois le jour à avertir les fidèles au commencement, au milieu et à la fin du jour, et les engageait à réciter régulièrement l'*Angelus*.

En 1736, un nouvel incendie causé par la foudre survient. La grosse et la moyenne cloche sont à nouveau fondues. La plus petite, n'ayant aucun dommage, est conservée avec son inscription. Les deux autres sont livrées au sieur Louis Collin, fondeur, le 12 juillet 1737. Le baptême de la grosse cloche seulement eut lieu le 23 du même mois. Le parrain fut dom Léonard Le Texier, prieur de Molesme, seigneur d'Arthonnay, et la marraine, damoiselle Anne-Michelle Viart, fille d'Antoine-Alexandre Viart, premier président de Bourg-en-Bresse, seigneur de Pimelle.

Les notes que la chronique nous a laissées de l'époque sur ces différentes cloches indiquent à quelle intention chacune d'elles était préposée. Outre l'inscription, que nous avons citée de la petite cloche, les deux autres portaient les inscriptions suivantes, la plus grosse :

Dœmones aereos, sonitu, pulsata fugabo
Dum conversa Deo plebs pia vota ferat

Sur la moyenne :

Campanæ sonitu quem, plebs, laudare juberis
Hic sistat precibus ignea tela sua

Vers latins qu'un anonyme a traduit ainsi :

J'invoque, par mon son, la divine puissance
D'écarter les fléaux et les démons de l'air.
Suppliez, avec moi, la divine clémence
D'arrêter son courroux, sa foudre, son éclair.
A midy, le soir, à l'aurore
De nos cœurs l'ave doit éclore (1).

Ces cloches restèrent au clocher jusqu'en 1793, époque où elles furent descendues et envoyées à Paris pour être fondues et employées à la fabrication de canons.

En 1804, la fabrique remit les choses en l'état et passa marché avec un sieur Bernard Vincent, fondeur, demeurant à Loches, ouvrier connu pour son bon travail et sa probité. Il devait fondre trois cloches et les garantir durant un an, le tout moyennant 1.600 francs. Le travail eut lieu près de l'église, dans la partie du cimetière où le fourneau établi fut solennellement béni en présence de nombreux fidèles. Ce fut

(1) Ancien registre paroissial.

Edme Taviot, au compte d'Edme Vincent, qui façonna l'inscription des cloches. Les ferrements de cette sonnerie furent fournis par Pascal Munier. Après bien des épreuves, le travail ayant parfaitement réussi, on procéda à la bénédiction. L'acte de cette cérémonie est ainsi conçu : « L'an XIII de la République Française et deuxième de l'Empire de Napoléon, le cinquième jour complémentaire, je soussigné Jean Houssart, prêtre et desservant d'Arthonnay, ai solennellement béni trois cloches dans l'église de ce lieu, dont la première a été nommée sous l'invocation de saint Gabriel, archange, par le parrain, M. Jacque-Philippe Morizot, homme de loi et membre du Corps législatif, et par la marraine, dame Gabrielle-Madeleine...., son épouse, demeurant à Balnot-sur-Laignes, département de l'Aube. La seconde a été nommée sous l'invocation de sainte Catherine, martyre, par le parrain, le sieur Jacque Tranchant, adjoint au maire de cette commune, et par dame Catherine Carré, épouse du sieur Claude Grattepain, notaire publiq à Arthonnay. La troisième a été nommée sous l'invocation de sainte Thérèse, vierge, par le parrain, sieur Laurent Larbouillat, marchand en ce lieu, et par dame Thérèse Délorme, épouse du sieur Pantaléon Munier, meunier des moulins à vent et à eau de ce lieu d'Arthonnay. Fait et passé en présence de M. Rathier, sous-préfet du quatrième arrondissement de l'Yonne, résidant à Tonnerre, et de M. Fourcade, juge de paix du canton de Cruzy, etc., etc... Lesquels ont soussigné avec nous, curé, pour le plus grand nombre. »

Le clocher est de nouveau incendié en 1813, la refonte des cloches est encore nécessaire. Cette opération est faite en janvier 1824 par les soins de l'abbé Gousset, curé, et le sieur Jacquot, fondeur de cloches à Breuvannes (Haute-Marne). Quatre mois après, le 24 mai 1827, nouvel orage qui produit de sérieux dégâts. Le procès-verbal de ce fait est ainsi dressé : « Le 24 mai 1827, à huit heures du soir, le tonnerre est tombé sur le clocher, il a endommagé le montant du milieu (trumeau) des deux fenêtres du clocher qui donnent au levant. Le fil de fer du marteau marquant le quart de l'horloge a été fondu et, en face du marteau, la cloche est entrée en fusion. Le tonnerre a parcouru et percé la voûte sans mettre le feu et est tombé dans le sanctuaire. Là, il mit le feu aux panneaux de la boiserie du côté de l'Epître et tout à côté de l'autel, brisa la pierre. Arrivé au tabernacle, le feu n'a pas pris au voile. Sur l'avis du conducteur des travaux communaux, les dégâts causés à l'édifice peuvent s'élever à 201 fr. ». Deux jours après l'accident le Conseil communal décida d'adopter un paratonnerre à l'église; ce qui fut mis à exécution.

Les dernières réparations apportées au clocher datent de 1861 et 1894.

A l'intérieur, l'autel majeur est placé sous le patronage de saint Valentin de Grizelles, patron du lieu. Pour arriver au sanctuaire, il faut gravir trois marches de pierre; dans la marche supérieure est fixée une table de communion en fer forgé, d'une époque relativement récente, semble-t-il. Les marches, aussi bien que tout le dallage de l'église, ont été refaits en 1828, en pierre polie de Pacy-sur-Armançon. La réfection à neuf des marches du sanctuaire et de l'autel était nécessaire, car à cette époque l'église était dans un état de dégradation impossible à imaginer. La commune subvint aux frais pour une part; car, est-il dit dans une délibération : « Il ne serait pas digne d'une commune qui a des réserves et des fonds libres de laisser le sanctuaire de son église dans un aussi mauvais état. » Sur motion du maire, le sieur Gaillardet, la commune alloue pour cette destination la somme de 689 francs.

L'autel qui surmonte les marches du sanctuaire et domine tout l'intérieur de l'église est d'ordre ionique, ainsi que le rétable. Une inscription, gravée sur le rétable même, indique l'époque de sa construction :

DOM
HOC PIETATIS MONUMENTUM
D. TIMOTHŒUS REGNARD
HAC IN URBE JURIDICUS
SUIS EXPENSIS EREXIT
ANNO SALUTIS
1676

Le rétable est orné, au-dessus du tabernacle, d'un tableau représentant saint Valentin, patron de la paroisse, paré des ornements sacerdotaux. Les yeux sont élevés vers le ciel et les bras sont étendus comme dans une action de supplication. La tête est ornée d'une auréole et sa face est illuminée d'un rayon de soleil. Placé sur le péristyle d'un temple formant fond de tableau, de ses pieds, saint Valentin écrase un serpent. Le morceau est signé de .... et date de 1776. Cette peinture a remplacé un tableau antérieur qui dut disparaître lors des réparations faites en 1750 au tabernacle de l'autel; un sieur Nicolas Tranchant avait pris à sa charge les frais de cette restauration, à condition que la Fabrique se chargeât de faire dire pour lui et sa femme, Marie Chaussefoin, trois grandes messes à perpétuité. Le maître-autel, qui avait subi quelques altérations, fut réparé à nouveau en 1829, ainsi que le tabernacle et les gradins auxquels on appliqua les dorures actuelles, exécutées par le peintre Thévenin, de Châtillon-sur-Seine.

Sur la gauche du sanctuaire se trouve une salle voûtée qui servait de sacristie et faisait double emploi avec celle placée derrière le rétable de l'autel majeur. Au fond de cette sacristie, il existait autrefois une porte qui devait servir de passage aux religieux de Molesme.

Si nous passons aux chapelles qui flanquent le chœur, nous noterons que celle du sud, sous l'invocation de la Vierge, a été restaurée, en 1893, par les soins de M. l'abbé Leloup. L'autel y était flanqué de deux statues en pierre qui devaient faire partie de l'ornementation de l'église primitive. La statue du côté de l'Epître représentait sainte Anne enseignant la Vierge. La statue du côté de l'Evangile représentait sainte Catherine, patronne des jeunes filles. Cette statue de sainte Catherine était particulièrement vénérée à Arthonnay. Elle portait, attachée au cou, un précieux souvenir, à savoir un ex-voto composé d'une croix d'or surmontée d'un cœur et donné par Valentin Jameray du Val, en souvenir de sa sœur. Cette donation est consignée dans la correspondance de cet homme illustre dans les termes suivants : « Je veux, dit-il, qu'on donne la croix d'or de ma sœur pour orner l'image de sainte Catherine érigée dans l'église paroissiale (1). » Qu'est devenu ce souvenir ? Nous craignons que ce bijou ait été enlevé et dissipé, comme tout le reste des objets du culte, à la suite de la vente faite en mars 1908, après la désaffectation de l'église.

Près de l'autel de la Vierge adossé au pilier de droite de

(1) Jameray Duval, par Moiset. Correspondance de famille d'après les papiers des familles Tranchant, Thierry et Delorme.

cette chapelle se voit une pierre funéraire sur laquelle est gravée l'inscription suivante :

D. O. M.
Cy-gît
au pied de cette chapelle
Me Valentin Mérey,
curé d'Arthonnay,
décédé le 2 décembre 1775
âgé de 53 ans, lequel a
gouverné cette paroisse
l'espace de 26 ans
Priez Dieu pour le repos
de son âme.

Au nord se trouve l'autel de saint Nicolas. La boiserie formant rétable possédait un tableau de saint Nicolas opérant le miracle de la résurrection de trois jeunes enfants. Au sommet de ce rétable, se voyait une petite statuette en bois que la tradition présentait comme provenant de l'ancienne chapelle de Saint-Félix, martyr, sise au faubourg d'Arthonnay, à l'embranchement des routes de Cruzy et de Villon.

Comme à l'autel de la Vierge, au premier pilier de la travée du chœur, se voit adossée l'épitaphe suivante :

Cy-Gît
au bas de ce pilier
le corps de messire
Theophraste Pascal Le Secq
DOCTEUR EN MÉDECINE
de la Faculté de Montpellier
Bienfaiteur de cette église, décédé le
5 août 1732, âgé de 85 ans
4 mois et demi. Pries Dieu pour
le repos de son âme.
R. I. P.

Jusqu'à l'année 1806, l'église était encore entourée de son cimetière. Le cimetière était, tout d'abord, d'un espace assez restreint; mais, la place venant à manquer, il fut décidé en 1810 qu'il serait agrandi par l'échange d'un champ voisin du cimetière appartenant au sieur Chastrey, contre un terrain communal, sis en Vauchez, d'une superficie de 11 ares. Le 14 janvier 1827, un nouvel agrandissement eut lieu par un nouvel échange fait avec ledit Chastrey contre un champ appartenant à la fabrique.

Nous devons dire ici que la sépulture des morts ne se faisait pas seulement au cimetière et qu'il fut un temps où l'église elle-même était une vraie nécropole. Il n'y eut d'abord que les privilégiés qui jouirent de cet honneur, mais aux XVI, XVIIe et XVIIIe siècles, il semble qu'il n'y ait plus eu de règle, et la liste de ceux qui furent inhumés à l'intérieur de l'église d'Arthonnay serait fort longue.

Plus d'un siècle après la construction de l'église, la paroisse ne possédait encore aucune relique de son patron. Le curé qui désirait vivement doter son église d'un tel trésor sollicita cette faveur du curé de Grizelles et sa joie fut complète de voir sa demande agréée. Cette translation de la relique de saint Valentin est ainsi insérée au *Registre paroissial :* « Le vingt-cinquième jour de juin mil six cent quatre, M. Demangeot, curé de Grizelles, vint ici, qui était un dimanche, en procession avec le chef de saint Valentin et autres reliques, accompagné des habitants dudit lieu et autres du voisinage. Pendant la grand'messe, célébrée par ledit sieur Demangeot, curé de Grizelles, la procession de Villon, venant de Villiers-le-Bois, arriva avec M. Paillot, et sur le midi arriva également M. Roger Regnard avec celle de Channes. En reconduisant la procession de Grizelles, M. Hilarion Regnard obtint de M. Demangeot un os d'une relique de saint Valentin qui a été mis en l'image d'argent. »

Jusqu'à la date du 21 octobre 1792, cette relique était exposée à la vénération des fidèles dans un reliquaire d'argent représentant saint Valentin. Mais à la date susdite, en vertu de la loi du 10 septembre précédent, eut lieu l'inventaire des meubles, effets et ustensiles employés au service divin.

On trouva dans l'église : 1° une croix en argent du poids de 2 marcs, 6 onces, 2 gros; 2° « une image d'argent représentant saint Valentin, confesseur et patron de cette paroisse, revêtu d'habits sacerdotaux », du poids de 4 marcs, 4 onces, 2 gros, qui furent immédiatement transmises à Tonnerre, et de là à l'Hôtel des Monnaies, à Paris. La relique de saint Valentin fut retirée et remise à M. Trubert, prêtre assermenté. Celui-ci, sans se préoccuper du dépôt qui lui était confié, le plaça sans plus de forme dans un coin du meuble de la sacristie. La relique demeura là, abandonnée, jusqu'en 1894, époque où, en faisant nos recherches, ayant été assuré de l'authenticité de la relique, nous l'exposâmes à nouveau à la piété des fidèles.

L'église d'Arthonnay possédait une seconde statue de saint Valentin. Cette statue, en bois, d'une hauteur de 40 à 50 centimètres, se trouvait placée du côté de l'Epître de la chapelle de la Vierge et était exposée, chaque année, à la vénération des fidèles.

A la suite d'un effondrement survenu dans la nuit du 29 au 30 janvier 1904, l'église, sur le refus du Conseil municipal de contribuer à sa restauration, fut mise en interdit par Mgr l'Archevêque de Sens et cessa d'être affectée au culte par décret du 8 juin 1907.

§ II

LES CURÉS D'ARTHONNAY

Après l'administration des religieux de Saint-Michel de Tonnerre et de ceux de Molesme, voici les noms des curés dont nous avons trouvé trace :

Denis Bruseaux administre la paroisse en 1560, ayant pour vicaires Pierre Caton, puis Thibault Argenton (1562) qui devient ensuite curé de Rivières-le-Bois (ou Villiers-le-Bois ?).

Pierre Maladière, familier de l'évêque de Langres (1558), d'abord curé de Villon (1560) et de Lamothe-en-Blésy, devient curé d'Arthonnay en 1568, puis chanoine de la collégiale de Mussy en 1570; il résigne son canonicat pour la cure de Beauvoir.

Jean Petit, curé d'Arthonnay de 1568 à 1570, devient curé d'Etourvy de 1570 à 1574, puis chanoine de Mussy de 1574 à 1575, époque où il est nommé curé de Valdelencourt et de Brottes; il est reçu chanoine de Langres en 1586.

Robert Pyon, ordonné prêtre en 1556, devient curé d'Arthonnay en 1574.

Valentin Musnier, ex-vicaire de Mélisey, et curé d'Arthonnay, de 1574 à 1587.

Jean Flory, nommé en 1587, était précédemment curé de

Saint-Vinnemer. Il meurt aussitôt après son installation. A son titre de curé d'Arthonnay, il joignait celui de prieur de Saint-Vinnemer (1).

Nicolas Lefebvre succède à Jean Flory en 1587; mais il n'exerce pas longtemps, car la même année il est remplacé par :

Nicolas Viardot, ex-vicaire de Saint-Vinnemer.

Antoine Autrot, ordonné à Langres en 1578, devient curé d'Arthonnay en 1588.

Jean Pâris succède au précédent au mois de mars 1592. A la date du 10 juin 1596, il assiste comme témoin, avec honorable homme Me Regnault Leclerc, procureur au bailliage de Tonnerre, au marché de charpente et couverture de l'église et des bâtiments de l'abbaye de Quincy, qui ont été démolis par suite « de l'orage et intempérie de temps, le lundy XIIIe jour du moys de may dernier passé (2) ».

Blaise Chamoin exerce en octobre 1622. A cette date, ledit curé soutient un procès avec le sieur Valentin Virey, touchant un droit de passage et de bâtisse en la maison presbytérale (3).

Henri Regnard succède, en 1645, au précédent. En 1659, à titre de curé ou vicaire perpétuel, il présente au Grand Conseil un cas de conscience ainsi formulé : « Antonin, curé primitif de Saint-Benoist, prétend confesser validement et licitement les habitants de la paroisse Saint-Valentin. Mathieu, qui en est le vicaire perpétuel, soutient que ce droit ne lui appartient pas. Lequel des deux a raison ? » Ce cas de conscience fut cause d'un grave conflit entre l'abbé de Molesme et ledit curé. Les choses en vinrent à un tel degré que, lors de la fête patronale, non seulement le curé Regnard ne voulut pas que le révérend abbé confessât, mais encore qu'il célébrât la sainte messe. Un arrêt du Conseil, après avoir donné la définition du curé primitif appuyée sur une décrétale

(1) Nous devons dire que la plupart des noms des curés d'Arthonnay consignés dans notre travail, sauf un certain nombre des plus anciens, correspond à la liste dressée par l'abbé Roussel dans son grand travail : *Le Diocèse de Langres*, t. III, § 2, n° 1143 et passim.

(2) Arch. de l'Yonne, E. 697, et Eug. Drot, *Recueil de documents tirés d'anciennes minutes de notaires*, p. 186-187.

(3) Archives paroissiales.

d'Alexandre III, donna raison à l'abbé de Molesme, car, est-il dit, « Antonin, en qualité de curé primitif, peut administrer les sacrements dans l'église paroissiale de Saint-Valentin, sans le consentement de Mathieu qui en est le vicaire. » En conséquence, les religieux furent maintenus en leur qualité de curés primitifs de la paroisse et « au droit d'y percevoir deux tiers des oblations, d'assister aux comptes et recevoir les fondations de ladite paroisse et d'y pouvoir officier aux quatre fêtes solennelles et du patron, de chaque année, avec injonction au vicaire perpétuel d'y assister sans étole et y faire office de diacre » (1).

En 1665, Henry Regnard est curé de Chaource, où il meurt (1669) ayant pour vicaire Marin Pochard (2).

Après le départ de l'abbé Regnard, la paroisse est administrée de 1661 à 1662 par Jean Jouard, frère de la Cordelle de Tanlay (3).

Michel Pidansat, né probablement à Chaource, administre la paroisse de 1662 à 1674, date de sa mort. Son corps fut inhumé dans la chapelle Saint-Nicolas. Il avait été précédemment curé et chanoine de Saint-Pierre de Tonnerre, puis de Précy-le-Sec, ensuite de Joux-la-Ville, au diocèse d'Autun. Il était âgé de 58 ans. En mourant, il résigne sa cure en faveur de son neveu Pierre Mandonnet, curé de Bagneux-la-Fosse (4).

Pierre Mandonnet, neveu du précédent, maître ès arts, curé de Bagneux-la-Fosse (5), est mis solennellement en possession de la paroisse d'Arthonnay, le 6 novembre 1674, par Edme Houdreau, curé de Beauvoir. A cette cérémonie, assiste un grand nombre de fidèles (6).

Hilarion Regnard, né à Arthonnay vers 1641, est curé de Gigny dès 1665 (7). Curé d'Etourvy, en 1668, il est curé d'Arthonnay de 1673 à 1701, où il résigne ses fonctions en faveur de son neveu. C'est sous son pastorat que l'église s'enrichit d'une relique de Saint-Valentin, le 5 juin 1684 (8). Il mou-

(1) Registre de la paroisse.
(2) *Le Diocèse de Langres*, t. III, p. 235, col. I, n° 1031.
(3) Registres paroissiaux.
(4) *Ibid.*
(5) Abbé Roussel, *op. cit.*
(6) Regist. paroiss.
(7) Abbé Roussel, *op. cit.*, p. 304, n° 1147, art. Gigny.
(8) *Ibid.*, p. 298, n° 1143.

rut le 14 mars 1701, après avoir gouverné la paroisse l'espace de 25 ans. Il fut inhumé devant le maître-autel (1).

Nicolas Regnard, neveu du précédent, naquit à Arthonnay vers 1667. Après avoir fait ses études près de son oncle, il acheva sa philosophie à Molesme et sa théologie à Langres, où il fut ordonné prêtre en 1690. Il fut successivement vicaire de Ligny-le-Châtel, vicaire de Vertault en 1692, puis, peu après, curé de Moulins près Noyers. Neuf ans après, il est nommé curé d'Arthonnay. C'est là que, durant presqu'un demi-siècle, il va dépenser son zèle apostolique. Nicolas Regnard releva sur plusieurs registres les actes de baptêmes, mariages et sépultures de la paroisse. Il réunit aussi, sur un registre, les faits extraordinaires passés sous son administration, avec le terrier et les fondations de l'église et du presbytère et certaines notes historiques sur l'époque antérieure. Nous avons consulté cette sorte de chronique avec profit (2). Le frère de Nicolas Regnard fut installé le 7 janvier 1701 au château de Maulne comme bénéficier de la chapelle dudit lieu sous l'invocation de l'Annonciation. Cet abbé Regnard n'était alors que simple clerc. Tous deux étaient neveux du bailli de Crusy, celui-là même qui complimenta le roi Louis XIV lors de son passage au château d'Ancy-le-Franc. En signe de satisfaction, le roi lui remit trente livres d'argent que le bailli fit fondre et convertir en une timbale, sur laquelle il fit graver, disent les chroniqueurs, le quatrain suivant :

Je suis le prix de quatre vers
Au Roy par un Regnard offerts.
Le Roy n'eust pas l'oreille sourde
Ny le Regnard la patte gourde.

Sous le ministère de Nicolas Regnard eurent lieu, à Arthonnay, les funérailles solennelles « de haulte et honorable personne messire Théophraste Le Secq » (1732) et celles de messire François Le Secq (1735), avocat au Parlement, lequel fit, en mourant, donation à l'église de quatre cents livres, à

(1) Regist. paroiss.

(2) Ce registre était, en 1893, entre les mains de Mme Sophie Cocard, veuve Munier, et avait été certainement détourné des Archives, soit de la paroisse, soit de la commune. Il servait alors à marquer certains renseignements domestiques. Il serait regrettable que ce registre ait disparu.

charge d'un service pour le repos de l'âme de Théophraste Pascal le Secq, docteur en médecine, frère dudit François, lui aussi inhumé dans la chapelle de Saint-Nicolas.

Valentin Mérey, ordonné prêtre en 1747, fut d'abord vicaire de Varennes, au doyenné de Ligny-le-Châtel, puis curé d'Arthonnay de 1750 à 1775. Il mourut à l'âge de 53 ans et fut inhumé au pied de l'autel de la sainte Vierge

Edme Mathieu Michaut fut successivement vicaire de Thorey (1763) (1), de Saint-Agnan de Chaumont-en-Bassigny (1766), chapelain de l'hôpital de Tonnerre (1774), puis curé d'Arthonnay en 1776 où il exerça jusqu'en 1782. Il fut alors nommé curé de Sainte-Vertu jusqu'en 1791, où il prêta le serment. Après les troubles de la Révolution, il demanda pardon de son schisme, devint doyen de Noyers de 1803 à 1819, époque où il meurt (2).

Louis-Charles Haroz, ex-curé de Brennes, succéda au précédent et administra la paroisse de 1782 jusqu'en octobre 1791. Au mois de janvier 1791, il se rend lui-même au greffe de la municipalité et annonce qu'il est disposé à faire la prestation du serment ordonné par le décret du 27 novembre 1790. « Ce jourd'huy, 23 janvier 1791, à l'issue de la messe paroissiale célébrée en l'église de Saint-Valentin d'Arthonnay, prestation de serment par messire Charles-Louis Haroz, curé dudit lieu. Les maire, officiers municipaux, Conseil général de la commune et le plus grand nombre des fidèles de la commune et paroisse d'Arthonnay, tous réunis en ladite église pour ouïr la messe et encore pour répondre à l'invitation à eux faite par ordre de M. le Maire de cette paroisse, à l'effet d'être témoins de la prestation de serment à prononcer par M. le Curé de ladite paroisse, ainsi que ledit sieur curé l'a annoncé par sa déclaration faite au greffe de la municipalité le vingt dudit mois. Et, sur le champ, messire Charles-Louis Haroz, curé de la paroisse à haute et intelligible voix que de tout cœur il se soumet à tout ce que prescrivent les lois de l'Assemblée nationale et, en particulier, celle du 27 novembre sanctionnée le 26 décembre suivant, relative au serment à prêter. En conséquence, continuant

(1) Abbé Roussel, *Op. cit.*, t. III, p. 314, n° 1158.

(2) Abbé Bonneau, doyen de Chablis, *Le Clergé de l'Yonne pendant la Révolution*, p. 129, Imp. Duchemin, Sens, in-8°, et *Semaine Religieuse de Sens*, 1897 et seq. Abbé Roussel, *Op. cit.*, t. III, p. 326, n° 1179, art. Noyers.

de parler de manière à se faire entendre de toute l'Assemblée, a dit qu'il fait vœu de veiller avec soin sur les fidèles de cette paroisse qui lui est confiée comme il a toujours fait, d'être fidèle à la Nation, à la loi et au roy comme il est décrété par l'Assemblée nationale et accepté par le roy des Français, ayant déjà prêté ce serment par deux fois, savoir le 14 juillet pour la Fédération, et l'autre, le dimanche d'après la Saint-Martin. » Le 14 juillet 1791, jour de la Fédération, l'abbé Haroz procéda à la bénédiction de trois arbres de la liberté. Malgré les soins apportés à leur plantation, aucun de ces arbres ne put prospérer et ils furent arrachés en 1801.

Le 13 octobre suivant, Haroz donne sa démission. Avant de partir, il annonce aux habitants qu'ils doivent avoir un prêtre selon le décret de la Constitution civile du clergé; que pour lui, fatigué, il va prendre du repos. En réalité, il semble bien que le motif de sa retraite fut la tristesse des événements.

Après la démission du curé Haroz, le choix des paroissiens se porta sur un vicaire de Villiers-les-Hauts, nommé Trubert, dont l'arrivée et l'installation furent célébrées chaleureusement. Au registre des Délibérations communales, on lit, en effet : « Le 4 décembre 1791, un dimanche, fut la réception à la cure de l'abbé Trubert, reçu par le Conseil municipal, tous les membres munis de l'écharpe à l'entrée de l'église paroissiale de Saint-Valentin pour l'installer et lui faire prêter serment. Le curé vint du presbytère accompagné de la garde nationale d'Arthonnay rangée sous les armes, sur deux lignes, au bruit des tambours et autres instruments. » Il était précédé du Procureur de la commune. Lorsqu'il fut entré dans l'église, l'eau bénite lui fut présentée par le Maire et de là, il fut conduit au pied du maître-autel, « où, étant arrivé, ledit sieur curé se revêtit du surplis, se mit à genoux, fit son adoration, puis entonna le *Veni creator* qui a continué par les chantres. Pendant ce temps, il a ouvert le tabernacle et ensuite a donné la bénédiction du Saint Sacrement. Ensuite, a été conduit dans la chaire, où étant, ledit M. Trubert a fait un discours analogue à la circonstance, après quoi la main droite élevée vers le ciel a prononcé ces mots : « Je jure de veiller avec soin sur les fidèles de la paroisse qui m'est confiée, d'être fidèle à la Nation, à la Loi et au Roi. »

Le curé Trubert prête, le 6 janvier 1793, un nouveau serment public de patriotisme et de civisme. Il lui est donné acte de cette démarche; il y est écrit : « Que l'abbé Trubert a donné des signes non équivoques de son civisme et a prêté tous les serments exigés par la loi. » Le 21 avril 1794 (2 floréal an II), autre certificat délivré au même. Quelque temps après, ledit Trubert quitte Arthonnay et nous perdons sa trace jusqu'en 1802, date où nous le voyons reparaître à Arthonnay.

Après le départ de l'abbé Trubert, la cure d'Arthonnay avec ses dépendances fut mise en location. Ce fut l'abbé Jean Grattepain, enfant du pays, né vers 1762, ordonné prêtre en 1787, qui, moyennant trois livres par mois, en fut locataire. Précédemment il était curé de Bragelogne et avait prêté tous les serments. Sur une enquête menée à Arthonnay au sujet des citoyens qui pouvaient donner quelques craintes au gouvernement, à la date du 28 thermidor an II, il est dit expressément : « Il se trouve à Arthonnay deux prêtres, enfants de la commune, cy-devant curés, l'un, dans le département de l'Yonne; l'autre, dans le département de l'Aube : le premier est Pierre Delorme, cy-devant curé d'Argenteuil; l'autre, Jean Grattepain, ex-curé de Bragelogne. Après avoir quitté leurs cures, tous deux vivent chez leurs parents et se livrent habituellement aux travaux des champs. Le citoyen Pierre Delorme touchait cy-devant 1.200 livres de traitement et le citoyen Grattepain, âgé de 32 ans, recevait la même somme. »

Le 27 messidor an II, Jean-Nicolas Houssart succède à l'abbé Trubert. Il était natif du diocèse de Reims; ex-vicaire de Dannemoine, il passa bientôt au même titre à Cruzy-le-Châtel où il prêta serment (1). Peut-être vint-il à Arthonnay comme vicaire de l'abbé Grattepain avec l'espoir de lui succéder ? Ensemble, ils conduisent les affaires de la paroisse et leur communauté ne semble pas avoir souffert de désaccord. Lors du Concordat, l'abbé Grattepain prend le titre de desservant, et c'est en cette qualité qu'il fournit à l'église d'Arthonnay 154 livres pour achats d'ornements.

En 1803, l'abbé Houssard reste seul curé d'Arthonnay (2).

(1) Abbé Bonneau, *Le Clergé pendant la Révolution*, p. 119, Duchemin, Sens, 1900, in-8°.

(2) *Ibid.*

Les mauvais jours de l'époque révolutionnaire sont passés et Arthonnay a repris la pratique du culte traditionnel.

En 1810, l'église est administrée en binage par le curé de Channes, Régley, qui remplit cette charge jusqu'en 1819. C'est sous son ministère qu'advint le fait suivant, consigné aux Archives paroissiales : « L'an 1811, le 24 février, M. le curé de Channes venant remplir son ministère à Arthonnay, moi Régley, curé dudit lieu, ai trouvé sur l'autel de Saint-Valentin d'Arthonnay une somme de 500 francs qui y avait été posée par un anonyme. Je les ai remis au Maire. Celui-ci, de son côté, les a remis entre les mains du fabricien comptable. » Cette somme fut, comme il est spécifié au registre-journal, employée à aider la commune dans les frais occasionnés par les réparations faites à l'église en 1809. Le reste servit à aider au rachat de l'ancien presbytère, avec toutes ses annexes.

En 1812, le presbytère aménagé revient à sa vraie destination. Sur l'écusson placé à la porte d'entrée, est gravée cette sentence :

CELUY QUI NE
SCAIT SE TAIRE
NE SCAIT
PARLER

Cette maison a servi de logement aux curés successifs d'Arthonnay jusqu'au moment de la loi dite de Séparation des Eglises et de l'Etat. En 1906, le Conseil municipal décida que l'ancien presbytère désaffecté servirait à l'établissement du bureau de poste.

Depuis cette époque, les curés qui se sont succédé à Arthonnay sont MM. Leclerc (1819); Pâris, né à Gigny (1833-1849); Edme Chaussefoin, né à Ravières (1849-1854); Edme Florimond Gourmand, né à Saint-Florentin (1854-1861); Joseph Guichard, né à Paris (1861-1866); Prottes, curé de Channes, bineur (1866-1868); J.-B. Manquest (1868-1872); Hy, curé de Channes, bineur (1872-1874); Denis Batilliat, né à Gland (1874-1890); Maurice Leloup (1890-1893); Simon Laloire, né à Nevers (1893-1894); Frédéric Raguet (1895-1899); Edouard Durand, curé de Villon, bineur (1899-1901); Antoine Rouby (1901-1904).

§ III

LE CULTE LOCAL

Anciennement, pour la fête patronale, l'église d'Arthonnay possédait un office particulier manuscrit. Il y eut même plusieurs offices de Saint-Valentin adoptés successivement; nous en connaissons au moins deux. Le premier en date était très ancien et dut être composé par un religieux de l'abbaye de Molesme. A notre grand regret, nous n'avons pu le consulter, car le livret a disparu des Archives paroissiales depuis un grand nombre d'années. Il avait été confié par l'un de nos prédécesseurs à un membre de la Société des Sciences de l'Yonne qui, frappé de son caractère archéologique, le communiqua, à Rome, à M. de Rossi. Du vivant du célèbre historien des Catacombes, l'exemplaire de l'office de Saint-Valentin (grand in-4°) fut souvent réclamé, mais en vain. M. de Rossi étant mort, ledit office doit être regardé à peu près comme perdu.

Le second manuscrit que possède encore la paroisse doit être la copie d'un manuscrit plus ancien datant de 1659. Tout l'office est composé sur la légende du saint. Entre le texte adopté aujourd'hui par le diocèse de Dijon et notre office, nous trouvons pour les leçons de grandes différences. Il est regrettable que la musique en plain-chant de cet office ne nous ait pas été conservée. Nous avons voulu sauver cette œuvre liturgique d'une destruction presque certaine, car l'humidité a mis le volume dans un état lamentable. Il contient aussi certains répons, qu'on était habitué de chanter aux saluts de certaines fêtes dans l'église d'Arthonnay. Ledit office a été suivi dans l'église d'Arthonnay jusqu'au jour où le rite romain fut remis en honneur. A partir de cette époque, l'office du commun d'un confesseur non pontife est seul suivi.

Outre les fêtes chômées d'obligation, que l'Eglise avait multipliées lorsque les peuples étaient profondément chrétiens, chaque pays possédait encore ses fêtes spéciales, destinées à rappeler quelque événement, suscitées par un élan de ferveur populaire, ou fondées par la libéralité des fidèles. Arthonnay comptait un certain nombre de jours de fêtes fériées. Nous en trouvons le tableau dressé en 1714, accepté par acte d'assemblée du 12 août de la même année et approuvé le 2 octobre suivant par l'archidiacre du Tonnerrois, alors de passage à Arthonnay, en cours de visite pastorale. Ces fêtes obligatoires étaient les suivantes, outre les dimanches et autres grandes fêtes communément pratiquées : 14 janvier, le Saint Nom de Jésus; 2° l'octave de la Fête-Dieu; 3° 27 juillet, Sainte-Anne; 4° 16 août, Saint-Roch; 5° 29 août, Saint-Félix, martyr; cette fête ne reste pas cependant toujours fixée à cette date, car se solennisant à l'époque de la moisson, elle est transférée et avancée au mardi après la Pentecôte; 25 novembre, Sainte-Catherine; 6 décembre, Saint-Nicolas. A chacune de ces fêtes, le curé recevait 30 sols de la Fabrique.

Le lendemain de l'Assomption (16 août), la paroisse célébrait la fête de Saint-Roch; il semble bien qu'elle fut établie dans la paroisse pour implorer la miséricorde divine contre les épidémies et les maladies pestilentielles. Nous savons que cette fête existait ici dès 1605, première date où nous la trouvons consignée dans les Archives paroissiales. « La messe fut célébrée par le sieur curé pour les laboureurs et pour la guérison du bétail sur lequel fut dite la prière pour la cessation de l'épidémie. » En 1694, « les manifestations du culte sont pratiquées pour attirer les bénédictions du ciel et chasser les effets de la disette et de la contagion non seulement sur les hommes, mais aussi sur les animaux. » Par acte de 1714, il fut décidé que désormais la solennité serait célébrée perpétuellement dans la paroisse et que le soir de l'Assomption, après les vêpres, une procession aurait lieu en l'honneur du saint. Même après la proclamation du vœu de Louis XIII, cette dévotion fut maintenue jusque vers 1840. La procession se faisait avec pompe. Aux prières faites en 1605 et 1694, nous lisons qu'en 1714 « une maladie contagieuse s'étant abattue sur les bêtes à cornes, la procession de Saint-Roch eut lieu pour obtenir la fin du fléau; car déjà trente-cinq animaux, tant bœufs que vaches, avaient succombé tant à Arthonnay que principalement au hameau de

Panfol. Presqu'aussitôt la maladie cessa à la grande satisfaction des fidèles. »

Une procession semblable eut lieu en 1839 pour enrayer une maladie contagieuse sur les bestiaux de la commune.

La Saint-Félix, 29 août, était célébrée à la chapelle placée sous le vocable de ce martyr.

La tradition locale nous apprend, en effet, que de temps immémorial existait, à l'endroit qui, aujourd'hui, forme l'intersection des routes de Cruzy et de Villon, un oratoire sous le vocable de Saint-Félix, martyr. L'existence de cet oratoire est connue bien avant le XVIe siècle, puisque nous savons, par les Archives paroissiales, qu'au siècle précédent, en 1497, Mammès de Maucourge abandonne en charité à la chapelle de Saint-Félix d'Arthonnay une ouvrée de vigne sise en Vallardon et six sols tournois pour une messe perpétuellement célébrée en l'église dudit M. Saint-Félix, le jour de sa feste qui se solennize annuellement le 12 août. »

Nous ne pouvons fixer la date de la démolition de cette chapelle. Nous devons consigner ici que dans un périmètre de 25 à 30 mètres de ce qui constituait l'enceinte de la chapelle proprement dite, à diverses fois, on a exhumé plusieurs squelettes humains. Ce qui prouve que par dévotion un certain nombre de fidèles se firent inhumer en ce lieu vénéré. Jusqu'en ces dernières années, une croix en fer forgé indiquait encore aux habitants et aux voyageurs l'emplacement même de cette chapelle.

Sainte-Catherine attirait la dévotion des jeunes filles. Cette fête consistait dans la célébration d'une messe solennelle durant laquelle les jeunes filles présentaient le pain bénit. A l'issue de la cérémonie, c'était une coutume pour elles de monter au clocher et de lancer les cloches. A cette occasion, il y eut souvent des désordres à réprimer; mais malgré toutes les tentatives qui furent faites pour abolir cette coutume, on ne put y parvenir complètement. En 1732, le Conseil de Fabrique prenait, à ce sujet, la délibération suivante qui fut souvent renouvelée dans le courant du siècle dernier : « L'usage de laisser monter au clocher et aller sur les voûtes de l'église les jeunes filles à l'occasion de la Sainte-Catherine et les garçons à la Saint-Nicolas, pour se récréer en sonnant les cloches, donne annuellement occasion à des dégradations considérables et met les enfants dans un danger réel de se mutiler, soit même de perdre la vie, et ainsi il paraît urgent au Conseil, tant dans l'intérêt de l'église que pour la tranquillité des familles, de faire disparaître un usage qui présente de si grands inconvénients. Le Conseil, considérant qu'il peut résulter des us et coutumes de monter au clocher à la Sainte-Catherine et à la Saint-Nicolas, des désordres sérieux et même des malheurs irréparables qu'il importe à une sage administration d'empêcher à l'avenir, après avoir délibéré, arrête ce qui suit : Art. 1er. A partir de la présente année, l'usage de monter au clocher et de sonner les cloches à la Sainte-Catherine et à la Saint-Nicolas est et demeure supprimé; Art. 2. La présente délibération est rendue publique par une affiche appendue aux portes de l'église. »

Des confréries. — Les registres de la paroisse constatent l'existence de confréries, peu nombreuses, il est vrai, mais qui servaient de stimulant à la charité et à la piété des fidèles. Elles étaient au nombre de trois : 1° la confrérie du Saint-Sacrement; 2° la confrérie de la Sainte-Vierge; 3° la confrérie de Sainte-Anne. La première était à la dévotion des hommes; la seconde, pour les jeunes filles; la troisième, pour les mères chrétiennes.

La fête de la confrérie du Saint-Sacrement, établie en 1705, était encore célébrée avec dévotion en 1791, comme le montre la délibération suivante : « Ce jourd'huy, 12 juin 1791, en la chambre commune d'Arthonnay, le corps municipal assemblé, assisté du secrétaire ordinaire, M. le Procureur a présenté et dit : qu'étant animé du désir de voir régner l'ordre et la paix parmi les citoyens d'Arthonnay, surtout dans les cérémonies qui ont rapport au culte divin, requiert que nous ayons à rendre une ordonnance tendant à ce que chacun se comporte décemment dans les processions, surtout dans celles qui doivent se faire le jour de la fête du très Saint-Sacrement et pendant son octave. Que chaque individu se tienne dans son rang et que la préséance ne soit pas un objet de discorde, qu'il y ait, en conséquence, quatre personnes désignées pour en diriger la marche et que le tout se passe avec le recueillement et la modestie convenables à des chrétiens.

« Qu'il soit fait défense, sous peine d'amende, à toute personne d'entendre les offices sur le cimetière et à l'extérieur de l'église sinon aux malades et aux femmes qui ont de petits enfants. Qu'il soit pareillement fait défense de s'assembler sur le cimetière avant ou pendant les offices. Que les rues soient débarrassées et nettoyées pour le jour de la Fête-Dieu, surtout celles où le Saint-Sacrement doit passer, et ce sous peine d'amende. »

La confrérie, supprimée en 1792, fut rétablie en 1825 et disparut définitivement en 1876.

La confrérie de Sainte-Anne, spécialement établie pour les mères chrétiennes, remonte au XVIe siècle au moins. En 1711, il fut décidé que désormais la fête de Sainte-Anne, qui n'était que de dévotion, serait obligatoire : « Ce jourd'huy dimanche 26e jour du mois de juillet 1711, issue de la messe paroissiale célébrée dans l'église d'Arthonnay, au lieu accoutumé à tenir les Assemblées ordinaires touchant les affaires de la communauté dudit lieu, est comparu par devant nous : Pierre Gérard, lieutenant en la justice dudit lieu, y demeurant, messire Nicolas Regnard, prêtre-curé de la paroisse, lequel après avoir averti à son prône et convoqué ce jourd'huy au son de la cloche, en la manière accoutumée, les habitants dudit lieu qui ont comparu en personne, savoir : Henry Carrey, syndic perpétuel; Jean Mandonnet, juge dudit lieu; Gilles Navetier, procureur fiscal; Jacques Tranchant, Valentin et Edme Mûnier; Nicolas Bonclère, etc., etc..., qui scavoient signer et les autres qui ne scavoient pas et qui sont Etienne Crozot, Emile Jacquinet, etc..., lesquels habitants et représentant la plus saine et grande partie de la paroisse, pieux et dévôts, souhaitaient tous ardemment que la fête de Sainte-Anne, qui arrive en ce diocèse de Langres le 27 juillet qui n'est que de dévotion, suivant l'ordre de Mgr l'Evêque, fût mise d'obligation comme le saint jour du dimanche, le tout sur le bon plaisir dudit curé de ce lieu et dudit seigneur évêque, attendu qu'il y avait de temps immémorial dans l'église dudit Arthonnay une confrérie de cette sainte, ce qui pouvait en augmenter la dévotion. Le sieur curé a dit vouloir volontiers entrer dans ces sentiments de dévotion de ces pieuses personnes, à condition toutefois que les habitants dudit Arthonnay et de Panfol, sa dépendance, voulussent y consentir et s'abstenir ce jour de tout travail servile et journalier; d'assister décemment au service divin qu'il lui plaira de célébrer en ce saint jour en l'église dudit Arthonnay, et que si la nécessité commune pressant les obligeait de travailler, comme de ramasser des foins, des bleds, des avoines qui seroient en danger d'être perdus, ils ne pourraient le faire qu'après en avoir préalablement fait leur soumission à l'Eglise et en avoir obtenu la permission dudit curé ou son successeur faisant la desserte de laditte paroisse, qu'en cas qu'il y eût désobéissance à ces conditions, qu'il soit tenu par le présent acte de payer à la Fabrique la somme de 20 sols sans toutefois détourner ni diminuer le bien d'autrui; que si le désobéissant et réfractaire ne veut pas payer, il y sera contraint par voie de justice à la requête des marguilliers-fabriciens ou autres faisant les fonctions conjointement avec ledit curé ou son successeur, et pour lors l'amende sera de 30 sols sans qu'elle puisse être diminuée par le juge pour quelque cause que ce puisse être. De même, ceux qui prêteront aide, à savoir au travail des désobéissants, seront aussi responsables de ladite amende quand même ils seraient domestiques et pourront être contraints au payement d'icelle, sauf eux recourir contre celui qui les aura occupés, et les marguilliers seront tenus d'en rendre compte. Plus veut et entend ledit sieur Regnard, curé comme dit cy-dessus, que si un particulier, ou quatre ou cinq étaient obligés de travailler en ce saint jour ils soient tenus d'obtenir de lui une permission par écrit et de la représenter à celui à qui il appartiendra avant de commencer leur travail, afin d'ôter le scandale qui pourrait arriver à ce sujet dans ladite paroisse. »

Cette obligation de chômer la fête de Sainte-Anne s'est maintenue comme l'existence de la confrérie, jusqu'au moment de la Révolution. Depuis le Concordat, quelques curés essayèrent de restaurer la confrérie d'autrefois, les appels ne furent presque pas entendus et les personnes qui avaient donné leur adhésion étant mortes, tout cessa avec elles.

La confrérie du Rosaire ou de la Vierge existait dans l'église d'Arthonnay dès le XVIe siècle, et toujours le nombre des associées se maintint dignement. Le but de cette confrérie était de susciter, de nourrir et d'accroître dans le cœur des jeunes filles le goût de la piété, de les préserver des dangers du monde et de les engager ainsi à persévérer dans le bien. Dès le jour de la première communion, elles s'empressaient de se faire inscrire au registre de la confrérie. Les postes de présidente et de sacristaine étaient au choix, de même que la charge de trésorière. Pour le reste du règlement, outre une cotisation annuelle de 6 sols à verser, chaque associée portait à tour de rôle le pain bénit non seulement aux fêtes de la confrérie, mais encore aux fêtes principales de l'année. La personne qui offrait le pain était chargée de quêter jusqu'à la fête suivante, et le produit de la levée était versé à la conférie. Chaque mois, la Confrérie faisait célébrer une messe pour les vivants et les défunts de la Société. A la mort de chaque sœur, les membres devaient assister au convoi, munies d'un cierge de cire jaune. Un service de trentaine était aussi célébré pour chaque sœur décédée. Tous les dimanches, avant le chant des vêpres, avait lieu la récitation du Rosaire et ces réunions étaient bien suivies, même de notre temps. Chaque année, le jour de la Présentation, avait lieu l'adjudication du bâton de la Vierge. La jeune fille qui en était l'adjudicataire emportait le bâton à la maison paternelle, au chant des cantiques et des sonneries. Aux principales fêtes de l'année, le clergé allait chercher solennellement le bâton que la jeune fille s'était ingéniée à orner bellement. La jeune fille, entourée de ses compagnes, attendait sur le seuil de la maison paternelle l'arrivée de la procession. Le prêtre, après avoir encensé la pieuse image, entonnait l'*Ave Marie Stella*, ou le *Magnificat*, ou l'hymne liturgique de la fête du jour. Arrivée à l'église, la jeune fille déposait son pieux fardeau et, le soir, le remportait en compagnie de ses amies, et de la présidente de la Confrérie.

www.ingramcontent.com/pod-product-compliance
Ingram Content Group UK Ltd.
Pitfield, Milton Keynes, MK11 3LW, UK
UKHW021136230726
13926UKWH00002B/843